世界のお金持ちが20代からやってきた

お金を生む法則

The law of making money in which the world wealthy people has been practicing since their twenties.

加谷珪一

Keiichi Kaya

ダイヤモンド社

はじめに

カネなし、コネなし、学歴なしでも、お金持ちになれる方法

世の中はとても不条理《ふじょうり》に見えます。

お金持ちと呼ばれる人の中には、親から財産を引き継いだり、コネで有利なポジションに就かせてもらった人が大勢います。また日本は学歴社会ですから、一流大学を卒業すれば、大金持ちにはなれないものの、有名企業に就職することで、それなりの給料をもらうことができます。

こうした状況を目《ま》の当たりにすると、

「お金持ちの家に生まれなかった自分にはチャンスがない」
「自分は学歴がないから出世は無理」

と思ってしまいがちです。お金のない家に生まれ、たいした学歴がなくても巨額の資産を作る人もいますが、そうした人は多くが天才です。

「卓越した能力がない私にはやっぱり無理」

そう思ってしまうのは仕方のないことなのかもしれません。

しかしながら、**カネ、コネ、学歴、才能のいずれかがなければ本当にお金持ちになることはできないのでしょうか。筆者はそうは思いません。**

お金持ちになるために「特別な才能」はいらない

先ほど、お金や学歴がなくても資産家になれる人の多くは天才だと書きましたが、この話は必ずしも正しくありません。メディアなどを通じて私たちの目に触れる成功者の多くは確かに天才なのですが、**そうではない人がたくさん存在している**からです。

メディアではどうしても人の目を引くような刺激的な話題が好まれます。このため、びっくりするような天才や破天荒《はてんこう》なストーリーが全面に出てしまうのです。

しかし、それがお金持ちになるためのすべてではありません。

天才的な能力を持っていなくても、目立ったコネがなくても、**地道なやり方で大きな資産を築く人**は大勢います。

お金に好かれ、お金に関する好循環を実現できるかどうかは、すべて、自分自身の考え方や行動にかかっています。逆に言えば、**自分自身の行動さえしっかりしていれば、勝つ馬になることは誰にでも可能なのです。**

大きな富を得ることについて必ずしも天才的な能力が必要とは限らないという話は、筆者を見ていただければよく分かると思います。

筆者は大学を卒業後、ジャーナリストとしてキャリアをスタートさせ、その後、金融機関で調査やファンド運用の仕事に従事《じゅうじ》しました。当時、筆者が勤務した会社2社は、比較的高給で知られていましたので、平均的なサラリーマンと比較すると年収は高かったかもしれません。それでも所詮は年功序列の典型的な日本企業です。30歳で自身の会社を設立するまでは、ごく普通のビジネスマンでしたし、当然のことながら、まとまった資産はありませんでした。

しかし、今にして思えば、筆者にとっての20代は、これ以上の価値はないというほどの時間であり、**今、手にしている資産の原石はすべて20代の時に獲得したといっても過言ではありません。**

超富裕層との対話でわかった「お金持ちの真実」

20代の時に得た最大の果実は、世の中にはとんでもない天才が存在するという現実を知ったことです。

ジャーナリストという仕事は、多岐《たき》にわたって世の中の事を調べたり、人に会って話を聞くのが仕事ですから、情報収集には事欠きませんでした。ファンド運用の仕事では、株式を上場させ、巨万の富を得た超富裕層からじかに話を聞くことができました。

一連の仕事を通じて、筆者は**成功する人としない人とでは何が違うのか**ということについて非常に強い関心を持ったのです。

最初に筆者が関心を寄せたのが、一部の成功者に見られる天才的な振る舞いです。

後ほど詳しく解説しますが、ソフトバンクの孫正義《そんまさよし》社長や日本電産の永守重信《ながもりしげのぶ》社長などは、生まれながらの天才です。海外ではアップル創業者のスティーブ・ジョブズ氏などが該当するでしょう。

常識では考えられないような行動を取っていても、それが成果に結びつき、結局は大成功を収めるという人が一定数、存在するのです。

彼らはあくまで**天才であって凡人ではありません**。当たり前のことですが、筆者を含め、世の中の人間の99%は凡人です。凡人の私たちが、そのまま彼らの真似をすれば、ほぼ100%失敗してしまうでしょう。**私たちは彼らを参考にしてはいけない**のです。

誰でも確実に「お金持ちになれる方法」とは?

筆者は天才的な成功者についていろいろと調べていくうちに、また別の事実にも気が付きました。行動が地味なので、あまり目立たないのですが、**着実に成功の階段を上っていく人が実はたくさんいる**のです。

確かにこうした人は、何千億円という気の遠くなるような資産を持っているわけではありません。しかし何億というレベルであれば、天才的な能力に依存しなくても、それなりに成功できる法則性を見つけられるのではないか？　筆者はそう考えるようになり、こうした視点で成功者を分析していきました。

天才でなくてもお金持ちになれる。

筆者が立てた仮説は研究を進めるうちに確信に変わってきました。詳しくは後ほど解説しますが、**成功の鍵となるのは「論理性」**です。しっかりとした論理性さえ身につけることができれば、凡人でも成功する確率が飛躍的に高まります。

筆者はその後、自分なりにまとめた方法論が本当に正しいのか、どうしても実験したくなってしまいました。他人で試すことはできませんので、実験台になるのは自分自身しかありません。こうして筆者は30歳で会社を辞め、法則にしたがってビジネスと投資を行ってきたわけです。

結果は、非常に満足のいくものでした。

筆者が得ることができた資産は数億円というレベルですので、何千億の資産を持つ超富裕層からすれば、ただの庶民かもしれません。しかし、このくらいのお金があると、贅沢をしなければ、一生、生活の心配をする必要がありません。**一介《いっかい》のサラリーマンに過ぎなかった筆者にとっては、十分な成果**なのです。

「お金持ちの子供」に伝わるお金を増やす法則

冒頭、親から財産を引き継いでお金持ちになった人も多いという話を書きました。それはその通りなのですが、お金持ちの子供の中には、親から引き継いだ資産を何倍、何十倍にも拡大させる人がいます。もちろん運にも左右されるでしょうが、**彼らはお金持ちになるための行動パターンを親から伝授《でんじゅ》された可能性が高い**のです。大事なのはお金そのものではなく、お金を増やすための「法則」なのだということが、この話からもお分かりいただけると思います。

お金持ちになるための「たったひとつの方法」

何千億という金額は無理ですが、**筆者のレベルでよいということなら、あなたもそれを実現できる**はずです。そして、20代から30代にかけては、お金に対する基礎体力をつける時間と考えてください。

筆者は誰でもお金持ちになれると断言しましたが、そうなるためのプロセスが楽なものだとは言っていません。

凡人がお金持ちになるためには、論理が重要となるわけですが、論理的な思考は人に大きな負担を強いることになります。情緒的に物事を処理したほうが楽なことも多く、人はそちらに流れてしまいがちです。

筆者自身も、法則は見つけ出したものの、それを実践する過程ではかなり苦労しました。しかし、**若いうちから、こうしたトレーニングを繰り返していけば、どんな人でも必ず一定レベルの能力は身につけることができます**。

ここまでくれば、**論理性をお金に変えていく**ことは、それほど難しいことではありません。多くの人が、その前段階で躓《つまず》いてしまうので、お金とは縁遠い生活を送ってしまうのです。その意味で、若い時の行動はとても重要です。

本書では、こうした視点で、世界のお金持ちが若い時にどのような取り組みをしていたのか整理してみました。真似してよいお金持ちと、真似してはいけないお金持ちの区別をしっかりと付け、**確実なステップで大きな資産を作ってください**。

目次

第1章
〈考え方〉

「直感」ではなく、「論理的な行動」でお金に好かれる人になる

第2章
〈働き方〉

「華やかな経歴」ではなく、「地道な仕事」でお金が儲かる人になる

第3章 〈人間関係〉

「たくさんの知人」ではなく、「少数のよい知人」でお金が集まる人になる

第4章 〈マインド〉

「常識破りの考え方」ではなく、「まっとうな考え方」でお金を呼び込む人になる

第5章〈知恵〉

「知識」ではなく、「知恵」でお金を生み出す人になる

第6章〈投資〉

「貯金」ではなく「投資」でお金が増える人になる

序章

億万長者になった
お金持ちは、若いころに
何をしていたのか？

9割の人が誤解している

「お金持ち」と「貧乏人」の違い

最初に簡単な質問をしてみたいと思います。

「将来のことを考えて、今、いろいろなことを我慢するのは重要でしょうか？」

漠然とした質問ですが、あまり深く考えず感覚で答えてください。今、**我慢することはとても重要だと思った人**は、しっかりした性格だとは思いますが、**実はお金儲けにはあまり向いていません。**

お金持ちになるために一番大切なこと

非常に逆説的な話ですが、お金持ちになるためにもっとも重要なことは、**お金に対する強い執着心《しゅうちゃくしん》を捨て去る**ことです。お金に対する執着心は、あなたからお金を遠ざけてしまう最大の要因であり、20代のうちに、この価値観からできるだけ自由になっておく必要があります。

経済的に成功した人の多くは、お金に対してあまりこだわりをもっていません。また、我慢を重ねて行動を抑制したり、貯金に血道《ちみち》を上げることもありません。それどころか、お金についてはむしろ手離れがよいくらいです。**お金に対する執着を捨てるというのは、お金持ちになるための最短ルート**なのです。

多くの人は、自分はそれほどお金に対して執着を持っていないと考えているかもしれませんが、その考え方は根本的に間違っています。筆者はこれまでいろいろなタイプの人を見てきましたが、9割以上の人が、自ら意識していなくてもお金に対してかなり強い執着心を持っています。これがお金持ちになるための行動を邪魔してしまうのです。

お金に対する強い執着心は、最終的には以下のような形で顕在化することになります。ひとつは**過剰な貯蓄信仰**、そしてもうひとつは**リスク回避的行動**です。

お金持ちはどうやって大金を手に入れたのか？

多くの人はコツコツと貯蓄することは堅実な行動だと考えています。しかし、それはお金に対する強い執着心を誤魔化すための方便であることがほとんどです。もちろん筆者は貯蓄そのものを否定しているわけではありません。しかし、ただ無目的に貯蓄しているだけでは、大きなお金にならないことは、誰の目にも明らかです。

お金は事業や株式、あるいは自分自身など、何らかに投じなければ大きく増やすことはできないのです。これは太古の昔からの常識であり、10億円の宝くじを当てるような人でもない限り、この絶対法則から逃れることはできません。**本書で取り上げたお金持ちのほとんどが、常に投資を続けています。**

こうした事実が分かっているにもかかわらず、**なぜか人はお金を投じることができません。それはお金というものに過剰な執着心を持っているからです。**

人間というものは若い時には後先を考えず思い切った行動を取るものです。学生から社会人になったばかりのころはこうした感覚をまだ維持している人が多く、「先のことなど考えても意味がない」などといったセリフを口にしています。

ところが25歳から30歳くらいの年齢になってくると、一部の人は保守化が始まり、現状を肯定するようになってきます。さらに30代に入ると、かなりの割合の人が、強烈な自己肯定のフェーズに入ってきます。

この段階に入ってしまうと、事実関係の認識さえも以前とは変わってくるようになるのですが、その代表的な例が、**過剰な貯蓄と堅実さの混同**です。

いくら貯金をしたとしても、仕事を失ってしまえば、貯金で食いつなげる期間などはたかが知れています。つい70年前の日本では現実に発生したのですが、強烈なインフレになってしまえば、貯金など一瞬で無価値です。

本当の意味で堅実な人生を送りたいのであれば、環境が変わってもなんとかやっていけるスキルを身につけたり、イザという時に頼りになる友人を持っておくことのほうがずっと大事です。

「失敗したら立ち直れない」のウソ

後に詳しく解説しますが、パナソニック創業者の松下幸之助《まつしたこうのすけ》氏は日本でも有数の天才で、私たちが真似するべきではない人物の一人です。しかし、彼の考え方や行動の中には、私たちが大いに参考にすべき点もあります。

彼は電気工を辞め、パナソニックの前身となる事業を始めた際、仮に失敗してもまた元の電気工に戻ればよいと腹をくくったそうです。

ちなみに、筆者は**この話は半分ウソ**だと思っています。

事業を始める以上、幸之助氏は決死の覚悟だったに違いなく、石にかじりついても事業を続けるつもりだったでしょう。しかしながら、失敗してもメシが食えればそれでいいや、と考えることで精神的にラクになるのも事実です。決死の覚悟の中にも、こうした軽さを持ち合わせることはとても大事なことです。

さらに言えば、**仮に失敗したとしても、何度でもチャレンジすることは、現実的に不可能な話ではありません。**

日本では失敗した人に対するバッシングが激しく、事業や投資に失敗すると、二度と立ち上がれないとも言われます。この話も半分は本当なのですが、半分はウソであり、**うまく立ち回れば実は何度でも再起は可能です。**

筆者は、実業家や投資家の失敗についても研究してきました。

再起不能になってしまうケースのほとんどが、過剰な負債を抱えてしまったことが原因です。日本では事業ローンといっても、事業に対する融資ではなく、個人に対する融資と変わりませんので、失敗すればすべてを失ってしまいます。最終的に破産するしか道はなく、そこからの復帰は容易ではありません。

しかし、**過剰な負債を抱えていなければ、事業や投資に失敗しても、再チャレンジすることは可能**であり、実際に何度も失敗し、そのたびに新しい事業を立ち上げている人が数多くいます。ブックオフ創業者の坂本孝《さかもとたかし》氏はその典型といってよいでしょう。失敗についても、それほど過剰に心配する必要はないのです。

筆者がサラリーマンを辞め会社を設立する時、先輩の実業家の人から「どうだ？不安か？」と声をかけられたことがありました。その時、筆者が「正直言うと、少し不安です」と答えると、彼は「君の実家は資産家かい？」と聞いてきました。筆者の父親は公務員ですので、ごく普通の経済環境でした。それを説明すると「だったら君には失うものは何もないじゃないか」「資産家から見ればサラリーマンの中でのお金の多寡など、所詮、ドングリの背比べだよ」と彼は笑ってくれたのですが、この一言でかなり、気持ちがラクになったことを覚えています。

確かに筆者が入った企業は、世間的に見れば一流企業ということになるのかもしれませんが、彼が言うように、サラリーマンでの稼ぎなどたかが知れています。

自分が勤めている会社の給料について、絶対に失いたくない大事なものと考えるのか、会社を辞めても、自分と家族がとりあえず生活できる程度はなんとかなる、と考えるのとでは大きな違いです。両者を分けるのがお金に対する執着心なのです。

筆者はあまり意識していませんでしたが、**20代で得た知識や経験を通じて、お金に対する無用な執着心から自分自身を解放することができました**。こうした感覚があったからこそ起業に踏み切ることができましたし、その後も、稼いだお金を惜しみなく次の投資に回すことができ、これが後の資産形成につながったわけです。

お金持ちになりたいなら、「リスク」を取らなければならない

お金に対する過度な執着がもたらすもうひとつの弊害である**リスク回避行動**についても、基本的な仕組みは同じです。

多くの人は無謀な行動とリスクを取ることを混同していますが、両者はまったく異なる概念です。リスクを取るということは、他のあらゆる条件を排除しても、どうしても残ってしまう不確実性を引き受けることを意味しています。一方、この行為こそがリターンの源泉になるのであり、大きな利益を得ようと思えば、一定のリスクを取

ることは必須の条件となります。

当然のことですが、大きな資産を作った人は、皆、例外なくリスクを取っています。**リスクを引き受けることなく、大きな資産を得る方法はないと思ってください。**しかし、この部分で人は致命的なミスを犯してしまいます。

投資を検討している人から、時々「投資はしたいけどリスクは取りたくない」という話を聞くことがあります。これは考えようによっては、極めて傲慢で浅ましい発言です。リターンの源泉がリスクにある以上、リスクを取らずに利益を得ることなどあり得ません。リスクは取りたくないが儲けたいというのは、自分だけが不労所得を得たいと言っているのと大差ないのです。

銀行などで販売されている金融商品の中には、「預金」という名称が付いていながら、実質的にデリバティブ取引が含まれており、実はリスクが高いというものが少なくありません。

リスクは取りたくないが、大きく儲けたいという気持ちが強いとこうした商品にすぐに飛びついてしまい、結果的に大きな損失を抱えてしまいます。

このような考えは、大抵の場合、お金に対する過度な執着心からきています。

事業や投資を実行する際には、リスクを回避するのではなく、リスクを取ることを大前提に、いかに無用なリスクを取らずに済むのかを検討すべきなのです。事前の調査や分析は、リスクを避けるためではなく、もっとも適切なリスクを選択するために行うものと考えたほうがよいでしょう。リスクを取らずにお金を得ようという考え方は、欲深さや浅ましさからくるものだと強く認識できなければ、人の行動を変えることは困難です。

リスクを取らなければリターンはないのだと腹をくくることができると、リスクに対する見方はかなり変わってきます。同じリスクでも、その内容を見極め、上手にリスクを取ることができるようになってくるのです。

お金持ちは「どんな条件」ならリスクを取るのか?

実はリスクという概念は、時間の感覚と密接な関係があります。時間の把握や認識が上手になるとリスクの管理も上手になってくるのです。**20代のうちに時間に対する感覚を身につけることができれば、それは大きな武器になっている**はずです。

以前、ホリエモンこと堀江《ほりえ》貴文《たかふみ》氏が、「上場というのは、将来の利益を先取りすること」だと発言していましたが、その意味を理解している人は多くありません。

そもそも会社の株式にはなぜ価値があるのでしょうか。もし株価の水準が、会社が持っている現金や土地といった資産の価値しか反映していないのであれば、資産額が同じであれば株価も変わらないはずです。しかし株価というのは日々、大きく上下に動いています。

では、**投資家は何を基準に株価を判断**しているのでしょうか。その答えは、**企業が将来生み出す利益**ということになります。

ここに1株あたり毎年10円の利益を生み出している株式会社があると仮定しましょう。会社の経営状況が変わらなければ、その会社の株式を保有することで、投資家は毎年10円の利益を得ることができます。

もしこの会社の株価が１００円だった場合には、その根拠はどう説明すればよいのでしょうか。

１００円でこの会社の株を買った投資家は毎年10円の利益を得ることができます。１００円の元を取るためには、この株式を10年間保有し続ける必要があるわけです。これは逆に考えれば、株を売った人は、10年後の利益の分まで先に売ってしまったことになります。

ホリエモンが言っているのはまさにこのことです。

株価というのは、将来、得られる利益まで先取りして形成されているものであり、株を売った人は将来の利益の分も含めて株を売却し、これを買った人は、**将来の利益の分までリスクを引き受けた**ことになります。

つまり**株価というのは将来の期待、あるいは将来に対する不確実性を数字にしたものです。そして、これこそがリスクであり、そしてリターンの源泉**ということになります。

リスクとは時間と密接に関係した概念であることが理解できると、どのようにリスクを取ればよいのか、おぼろげながら見えてくるのではないでしょうか。

人は誰でも失敗はしたくありません。ビジネスや投資を始める時には、できるだけうまく事が運ぶように自分でコントロールすることになります。しかし人の時間や労力には限りがありますから、すべての要素に対応することはできません。

そうなってくると、人は、物事に対して優先順位を設定することになります。

自分がコントロールできて、かつ効果が確実なものから対応していくと、やがて、自分では対応できない要因というものが浮かび上がってきます。

人の力ではどうしても排除することができず、実際にやってみなければ分からないもの。言い換えれば**時間が経過してみなければ、その成果が分からないものは、まさに究極的なリスク要因であり、この部分については、思い切ってリスクを引き受ける覚悟が必要**となります。

これが正しく上手なリスクの取り方であり、利益の源泉となるものです。

この話は知識として理解することも重要ですが、実際に体験することがとても大事です。筆者は多くの人に、金額は小さくてもよいので、若いうちから株式投資に取り組むよう勧めているのですが、その理由は、投資をすると、リスクの取り方についてトレーニングを積むことができるからです。

成功した実業家の中には、若い時から本業とは関係なく、株式投資を経験してきた人が少なくありません。株式投資はこうしたリスク判断の連続ですから、これほどの訓練の場はないと思ってください。

日々の仕事の中でも、自分で制御可能なリスクとそうでないリスクを切り分け、最終的にどのリスクを取るのか判断するという習慣を身につけておけば、成果は飛躍的に向上します。こうした基礎が身についていれば、その後の人生で大きなリスクを取る時にきっと役立つはずです。

どこにでもいる一般人がお金持ちになるための

「6つの要素」

天才的な能力を持っていないごく普通の人が、それなりの資産を築くためには、具体的に何をする必要があるでしょうか。筆者は、以下の6つであると考えます。

❶よいモノは徹底的に模倣する
❷地道な仕事を重視する
❸人付き合いを整理する
❹物事に対して疑問を持つ
❺知識と知恵のバランスを取る
❻必要なところでは思い切ってリスクを取る

❶よいモノは徹底的に模倣する

成功している人を見て、そのよいところを模倣するというのは、凡人が成果を上げるための基本中の基本です。後ほど詳しく解説しますが、**独創性の高い家具を手がけるイケアですら、最初は模倣から始まりました。**

模倣することを否定する人は、よく「独創性が大事だ」「モノマネはケシカラン」といったセリフを口にします。

しかし、本当の意味での独創性とは、基本的な型が存在してこそ、初めて意味を持ってきます。比較対象がなければ独創的かどうかを判断することはできません。基本的な部分ができていない状態で、独創性を議論してもあまり意味がないのです。

またこうしたセリフを口にする人は、**自分が努力しない言い訳にしている可能性**もあります。

たとえば、資産運用の世界では、「収入の一定額を必ず貯金し、それを投資に回すことが重要」という鉄則があります。同じようなものに、「投資には一定のリスクがあり、これを避けて通ることはできない」というものもあります。これらは、古今東西を問わない資産形成に関する大原則であり、全員が模倣すべきことなのですが、これについても、いろいろな言い訳が返ってきます。

代表的なものとしては「それなりの収入があればできるかもしれないが、今の自分の給料では一定額を差し引くなど無理」「できるだけリスクを避けたいと思うのは当たり前だ」といったものがあります。

多くの成功者が絶対法則として説いている以上、まずは理屈抜きに模倣したほうがよいはずなのですが、多くの人はそうしません。成功法則を否定しているということは、自分は成功者の模倣ではなく、独自のやり方で成功できる天才なのだと宣言しているようなものですが、本人は気付いていません。模倣の回避は、実は多くの人が陥っている罠であり、多くの人からお金を遠ざけてしまう元凶なのです。

❷地道な仕事を重視する

目の前の地道な仕事を軽視するというスタンスも同じです。

第2章で詳しく解説しますが、華麗なキャリアを持つ一部の人を除けば、多くのチャンスは目の前の仕事の中からやってきます。こうした地道な部分を軽視してしまうと、いつまで経ってもチャンスをモノにすることができません。まずは自分が取り組んでいる仕事を見つめ直すことが重要です。

ここで注意しなければいけないことは、目の前の仕事を重視することと、待遇が悪いことにひたすら耐えることを混同しないことです。

筆者はどんなにつまらない仕事であっても、そこから何らかのノウハウを得ることができると思っています。また、こうした作業の積み重ねがやがて大きな成果につながってくるとも考えています。

しかし、このことは、つまらない仕事でも半永久に耐えなければならないということを意味しているわけではありません。仕事に対して受け身の感覚が大きいと、与えられた仕事が面白いか、面白くないかという観点でしか物事を考えられなくなります。これでは大きなお金につながってくるわけがありません。

その仕事の付加価値はどこにあるのか、改善の余地があるのかという視点で仕事を眺めることができれば、それはすでに実業家や投資家の視点ということになります。その仕事を通じてノウハウを得ることができたと思えば、いつ辞めてもいいでしょうし、そもそも仕事がつまらないとは感じないでしょう。

自ら飲食店を立ち上げるために、いくつかの外食チェーンにアルバイト店員として勤務した人を筆者は知っていますが、このような人物にとっては、仕事がキツかったという経験は、そのお店のオペレーションの方法や、場合によっては**ビジネスモデルそのものが良くないことを知る最高のチャンス**となるわけです。特に若いうちはこうした視点で仕事を眺めることが重要です。

❸人付き合いを整理する

目の前のことを重視するという点では人脈形成も同じです。

世の中には、人付き合いの多さを人脈の豊富さと勘違いしている人が大勢いますが、いくら知人の数を増やしたところで、お金には結びつきません。それどころか不要な付き合いばかりが増えてしまい、お金には逆効果かもしれません。

人との付き合いには基本的に2種類あります。ひとつはお金が寄ってくる付き合いと、お金が離れていく付き合いです。お金に縁のある生活を送りたいのであれば、お金が寄ってくる付き合いに特化すべきでしょう。

人脈やコミュニケーションについては第3章で詳しく解説しますが、大事なことは圧倒的な人物的魅力を持つ人はごく一部だけという現実を知ることです。ほとんどの人にそうした魅力はありません。

その中で**有益な人脈を構築・維持するために重要なことは「メリット」**です。

重要と思える相手に対して何らかのメリットを提供することができれば、その人間関係は重要な資産となります。人的な魅力という曖昧な根拠に依存していませんから、

メリットが提供できる限り関係も長く続きますし、それをうまくコントロールすることができます。

若いうちから、自分は相手にどんなメリットを提供できるのか、自分は相手からどんなメリットを享受できるのかを考えるクセを付けておくとよいでしょう。明確なメリットを感じることができなければ、無理にその相手との関係を深める必要はありません。

多くの人にとって本当に大切な友人は、それほど多くないはずです。むしろ、不要な人間関係を整理できた人ほど、チャンスをモノにできる確率は高まります。

❹物事に対して疑問を持つ

具体的な行動に加えて、精神的な部分も大事です。お金に好かれる人生を送るためには、それにふさわしい気持ちの持ち方が必要となってくるからです。

人と同じ行動ばかりしていては、その人が得られる利益は、平均的な水準に落ち着いてしまいます。先ほど筆者はよいものは模倣することが大事だと述べました。確かに模倣することである程度の成果は得られるようになるのですが、その先、もう一歩を踏み出せなければ、さらに大きな資産には結びつきません。

この時、重要となるのが「**疑問を持つ**」という思考回路です。

多くの人は、子供のころは好奇心旺盛で「なぜ？」「何？」を連発して周囲の大人を困らせています。しかし成長し、与えられた課題をこなしていくにつれて、物事に対して疑問を持たなくなり、最後には現状を肯定する「大人」になります。

「おとなしい」という漢字は「大人しい」と書くのですが、まさに大人であることの意味を象徴する言葉だと思います。つまり疑問を差し挟まず、黙って言うことを聞いているのが大人というわけです。

残念ですが、それでは平均的な結果しか得られないことは明らかです。

逆に言えば、**日々の生活の中でわき上がってくる疑問を決して忘れないようにすれば、それだけで大きな成果につながる**可能性があるのです。仕事の進め方などで疑問が生じた時などは特に重要です。

疑問を持つ心を忘れなかった人にとってはチャンスに思えることも、疑問を持たない人にとっては、何でもない話で終わってしまうでしょう。人はこのようにしてチャンスを失っていくのです。

先日、周辺の騒音を打ち消してくれるような装置はないだろうか？　とネットに書き込んだ人に対して、あらん限りの罵詈雑言が浴びせられていました。周囲の音を拾って逆の位相の音を出してノイズを減らす装置は、今のところヘッドホン型のものしかなく、スピーカータイプの製品はありません。

しかし技術的難易度が高いだけで、理論的にまったく不可能なわけではなく、工業用途では一部、似たような製品もあります。

しかし質問に回答した人のほとんどは「お前は物理学を知らないのか」「製品がないんだからできないに決まってるだろ」「小学校からやり直せ」などと、異様なまでに質問者に対して攻撃しています。

質問者を罵倒するこうした人たちのメンタリティについては、ここでは議論しません。重要なのは彼らの言動のパターンです。彼らは世の中に製品がなければ、絶対に不可能だとハナから思い込んでいます。つまり疑問を持つことを最初から放棄しているわけです。

現在、スピーカー方式で騒音を除去する装置は、クラウドファンディングを使ったベンチャー企業など数社がチャレンジしています。うまく製品化できるかは分かりませんが、理論的に可能なら取り組んでみようという人が一定数おり、**うまくいけば彼らは大きな成果を手にする**ことができます。

質問者に対して「できるわけないだろ」とネット上で罵声を浴びせているようでは、

決して、新しいチャンスをモノにすることはできません。

この話は会社の中にも当てはめることができます。

若い人は「できるわけないだろ」という中高年の発言に反発しているかもしれませんが、若い人の多くが十数年後には確実に同じようなセリフを口にしています。若い時の疑問を持ち続けることができたかどうかが成功の分かれ道になることを絶対に忘れないでください。

❺知識と知恵のバランスを取る

疑問に思う気持ちをうまく成果に結びつけるためには、知識と知恵のバランスが大事です。知識ばかりを重視していると、こうした自然な疑問に対処することができなくなり、逆に知恵ばかりが働いてしまうと、地に足のついた仕事ができなくなります。

世の中では、しっかり勉強してから物事に取り組むべきという考え方が根強いようですが、筆者はそうは思いません。子供なら話は別ですが、ある程度、分別のつく大人であれば、**早い段階から多くの経験を積むことは重要**だと考えます。**実際、資産家になった多くの人が、若いうちから、多くのことにチャレンジしています。**

ここで大事なのは、単なる経験を経験のまま終わらせないことです。

経験で得たものは、知識と結びつけて体系化することで、初めて自分の血肉となります。体系化できたものは、他の分野に応用することができるので、その効果が何倍にも拡大します。

早い段階から何でも経験することがよくないのではなく、経験を経験だけで終わらせてしまうことがダメなのです。これは逆も成立します。

せっかく勉強して得た知識も、現実のビジネスや投資で活用できなければ何の意味もありません。知識を得たら実践してみる、実践したら、それを理論的に体系化してみるというプロセスが重要となります。

若いうちからこうしたプロセスを繰り返していけば、地味な仕事であっても、必ず何回か大きなチャンスに巡り合うことができます。

チャンスというのは、誰の目にも明白なものとは限りません。知識と知恵のトレーニングを積んだ人にだけチャンスと映り、そうではない人にとっては何の変哲もない出来事だったりするわけです。

よく実業家が顧客からのクレームがヒントになって画期的な商品やサービスを編み出したという話をしているのですが、これはまさに典型的な例です。漫然と仕事をしている人にとっては面倒なクレームでも、**別の人からみればそれは宝の山**となるわけです。

❻必要なところでは思い切ってリスクを取る

こうしたチャンスに巡り合った時に、行動に移せるのかどうかは、最終的にはリスクに対する姿勢にかかってきます。

必要な時に必要なリスクを取ることができなければ、せっかくのチャンスは一瞬で消えてなくなるでしょう。**リスクは誰にでも平等なものであり、ここに不公平は存在しません**。これほどフェアな競争はありませんから、リスクを回避してはダメなのです。

この6つの法則にしたがって行動を積み重ねていけば、**私たちのような凡人でもお金持ちになれる可能性は飛躍的に高まります**。以下の各章では、お金持ちの人たちが若い時にどのような振る舞いをしていたのか具体的に示しながら、**成功の法則**についてさらに掘り下げてみたいと思います。

第1章

考え方

「直感」ではなく、「論理的な行動」でお金に好かれる人になる

成功するお金持ちは若いころから

「模倣」で金儲けのコツを学ぶ

序章でも言及したように、天才ではない人がお金持ちになるためには、徹底して論理的に行動する必要があります。

経済的に成功した人の多くが、**論理的思考回路を持っています**。お金というのは経済活動の成果として得られるものですから、基本的に合理的な存在です。物事を論理的に考え抜くことができれば、成功する確率は飛躍的に高まります。

お金儲けが下手な人の勘違いとは?

では論理的に考えた場合、成功を手にするために、まずは何をすればよいでしょうか? それはよいものを模倣することです。

以前、ホリエモンが「うまくいっているサイトをパクればよい」と発言して世間から激しく批判されたことがありました。オリジナリティを大事にしない盗人のようなスタンスはケシカランというわけです。

確かに、競合がしていることをそのまま真似することは、あまり品のよいことではありません。しかし、ここにはある重要な真実が隠されています。

ある後発サイトが先行しているサイトのビジネスモデルを模倣したということは、自分は先行サイトと比較してあまり優れておらず、逆に先行サイトのどの部分が優秀なのか的確に理解しているということを意味しています。

よいものを模倣するという行為は、ある程度の能力や経験がなければ不可能です。能力や経験に乏しい人は、よいものをしっかりと模倣することすらできません。ホリエモンを批判した人の中で、本当の意味でオリジナリティがあり、かつ高い収益性を持つ成果物を作り上げていた人は果たして何人いたでしょうか。おそらく皆無に近い状態だったはずです。

まずは**よいものを模倣するところからスキルの上達は始まっていきます**。高いオリジナリティは試行錯誤の結果として、時間をかけて培われるものです。こうした背景を抜きに、模倣を一方的に断罪するという安易な考え方には、筆者は賛同できません。

ここまでの話を聞いて、あるキュレーションサイトにおける不正行為と結びつけ、やはり**模倣は納得できないと考えた人がいたのなら要注意**です。某キュレーションサイトで行われていたのは、記事の盗用であり、完全な不正行為です。**人のものを盗むことと、良い点を模倣することは根本的に異なる概念です**。

もし、その両者を混同しているようなら、残念ながらあなたの論理性はまだまだですから、さらにトレーニングに精進する必要があるでしょう。

コピー製品で大国になった二つの国

少し話がそれましたが、模倣することの有効性は、日本のもの作りにも当てはめることができます。

今でこそ日本メーカーは高い技術力を持ち、韓国や中国のメーカーは必死でその技術を盗もうとしていますが、実は、つい最近まで日本メーカーといえば、モノマネばかりだと他国から批判されていました。若い読者の方にはピンとこない話かもしれませんが、これが真実なのです。

パナソニックの以前の会社名は松下電器産業なのですが、松下電器の隠れたニックネームは「マネシタ（真似した）電器」でした。欧米で優秀な製品が出てくると、すぐにそれを模倣し、より安い価格で競合製品を投入してくるからです。

当時の新聞を見ると、日本は独創性がない、モノマネばかりで基礎技術がないといったトーンの記事ばかりです。

では、こうした模倣ばかりやっていた日本メーカーはその後、どうなったのでしょうか。説明するまでもなく、**海外の優秀な技術をうまく取り込み、世界屈指の技術力を持つまでに成長しました。**

よいものをしっかりと模倣することで実力がつき、やがてはオリジナリティの高い優れたモノを作れるようになってくるのです。さらに歴史を遡れば、**産業革命を起こした元祖もの作り大国である英国も、もともとは模倣からスタート**しています。

英国はかつて、当時の先進国であったオランダのコピー製品ばかり製造し、欧州市場では「安かろう悪かろう」の代名詞でした。その後、英国がどうなったのかは説明するまでもないでしょう。

「真似」するだけでお金持ちになれる？

この話はお金儲けの世界でもまったく共通です。天才でもない限り、よい先例があれば、それを真似るというのが正しい上達方法であり、ある意味でそれが全面的に許されているのが20代の若者ということになります。

ホリエモンは世間から激しく批判されましたが、よいものは模倣すべきという話は多くの成功者が語っています。

世界的な家具チェーンであるイケア創業者のイングヴァル・カンプラード氏もその一人です。イケアは今でこそ、デザイン性のあるオリジナリティの高い家具を作るメーカーですが、会社を立ち上げた当初は、万年筆やファイルといったオフィス用品の販売が主な業務でした。

ところがライバルだった会社が、雑誌に美しい家具の広告を掲載しているのを見て、カンプラード氏は「私も同じやり方でやってみよう」と決心したそうです。つまり、ライバル企業の広告の模倣からイケアの家具は始まったのです。

ライバル企業がすでに実績を上げている手法ですから、リスクはそれほど大きくありません。家具は飛ぶように売れ、これが現在のイケアの原型となりました。カンプラード氏はライバル企業の模倣から家具のビジネスをスタートさせたわけですが、これは批判されるべきことでしょうか。筆者はむしろ逆だと考えます。**カンプラード氏には、ライバル社が出した広告のよさを理解する柔軟性と謙虚さがありました**。それゆえに、美しいカタログで家具を販売していくという、新しいビジネスの手法をとことんまで追求し、世界的ブランドにまで成長させることができたわけです。

イケア独特のショールームも同じです。

ライバルとの値引き合戦が始まり、安値販売で品質を心配する顧客を安心させるため、やむにやまれずショールームを開設したのが始まりだそうですが、それが結果的にイケアのオリジナリティを象徴する販売手法に転化したわけです。最初から戦略的なショールームがあったわけではありません。

カンプラード氏のこうした謙虚な姿勢はあらゆる局面で発揮されています。

彼は商売が好きで子供のころからすでにビジネスに着手していました。17歳になった時にはかなりの規模に成長しており、商業高校に入学するより先に自分の会社を設立しています。

彼は、商業高校で、流通や販売、価格戦略など、ビジネスの基礎を貪欲に学び、忠実にそれを自身のビジネスに反映しました。**若い時にはよいものを徹底的に学び模倣すること**こそが後の成功を担保してくれるのです。

大儲けするお金持ちは若いころから

「お手本にする人」を選別している

よい意味での模倣が大事という話の対極に位置するのが、天才たちによる高い独創性です。天賦の才能を持った人は、自身の思うがままに行動し、それが大きな成果につながっていきます。しかし、こうした天才を私たちは真似てはいけません。

独創性という点では、ホンダ創業者の本田宗一郎《ほんだそういちろう》氏の右にでる人はそうそういないでしょう。小さな町工場からスタートし、無謀にもバイクの世界レースに挑み、やがては四輪自動車の巨大メーカーに育て上げた彼のサクセスストーリーは誰にとっても、ワクワクするものです。

しかし、宗一郎氏は、**若いころから破天荒な言動で知られており**、**私たちのような凡人にとってはまったく参考にならない**ばかりか、下手に彼の真似をしてしまうと確実に失敗します。

「思うがまま」で成功するお金持ちはごく一部

宗一郎氏は1922年（大正11年）高等小学校を卒業すると、自動車修理工場であるアート商会に入社。最初の半年は社長の子供の子守ばかりだったそうですが、数年の厳しい丁稚奉公に耐え、のれん分けという形で独立することに成功しました。

自動車修理の事業は順調に拡大し、たちまち社員50人のちょっとした企業に成長したそうです。宗一郎氏は青年実業家として地元浜松では有名な存在となり、たびたび地元紙を賑わしていました。

当時としては超高級品であった自家用車を2台も乗り回し、多くの芸者さんを呼んでスケールの大きい宴会をたびたび催していました。芸者さんを乗せて酔っ払い運転をして天竜川に落ちたり、税金をめぐって税務署とケンカし、腹いせに税務署にホースで水をぶっかけるなど、数々の武勇伝が残っています。今でいうところの**ヤンチャなカリスマ青年実業家**といったところでしょうか。

もちろん、宗一郎氏はこのレベルで満足するような人物ではありませんでした。自動車修理のビジネスだけでは飽き足らず、とうとう自動車部品の製造に乗り出し東海精機重工業（現在の東海精機）を設立したのです。部品製造のビジネスも軌道に乗せ、やがて同社は、自動車メーカーとして先行していたトヨタに部品を納入するまでになりました。

トヨタの下請けになれば、長期的にも事業は保証されます。宗一郎氏が天才的な人物でなければ、このまま地方のちょっとした成功者で終わっていたでしょう。しかし、トヨタという固い社風の下でビジネスをすることはヤンチャな宗一郎氏には耐えがたいことだったようです。

やがて東海精機はトヨタからの資本を受け入れ関連企業となったのですが、戦争中に発生した地震で工場が被害を受けたことをきっかけに、宗一郎氏は会社をトヨタに売却。すべての仕事を放り出してしまいます。

宗一郎氏は、尺八を吹いて風流な生活をしたかと思えば、アルコールを大量に買い込んで、自家製の密造酒を造って近所にバラまくなど、周囲を驚かせてばかりでした。

しかしある時、旧軍が使っていた小型エンジンを自転車に付けるというアイデアを思いつき、試しに製品を作ったところこれが大評判となりました。トヨタに会社を売却した資金はたくさん残っていましたから、その資金を元に設立したのが本田技術研究所（現在のホンダ）というわけです。

ホンダはその後、バイクのメーカーとして急成長することになるのですが、バイクにかける宗一郎氏の情熱は半端なものではなく、ここでも数々の逸話が残されています。

気に入らない図面を書いた部下を容赦なく殴ったり、ひどい時にはスパナを持って追いかけ回したという話もあります。今の時代であれば、完全にブラック企業になってしまいますし、下手をすると刑務所行きということにもなりかねません。

時代がそれを許容していたとはいえ、宗一郎氏の振る舞いは、当時としても、かなりエキセントリックだったことでしょう。それでもホンダが超一流企業になれたのは、やはり**宗一郎氏が天才だったから**としか言いようがありません。私たちに真似できるところは一切なさそうです。

一般人はお金持ちから何を学べばいいのか？

アップル創業者のスティーブ・ジョブズ氏も同じです。

若いころ、ジョブズ氏がヒッピーだったことはよく知られています。ヒッピーらしく何週間も風呂に入らないのは当たり前のことだったそうですが、自分はベジタリアンなので体臭がするはずがないと頑《かたく》なに信じており、**周囲が「臭い」と指摘しても納得しなかった**と言われています。

またアップルを設立する前は、タダで長距離電話がかけられるという、少々、怪しげな商品を販売してお金を稼ぐなど、なかなかな天才ぶりを発揮しています。

彼は西海岸の反体制的な若者らしく東洋思想にもハマっており、禅の精神世界に深く傾倒していました。ジョブズ氏は、コンピュータというものは、自身の脳とシームレスにつながっているべきものとの強い信念があり、マックやiPhoneといった製品群はすべて同じようなコンセプトをもとにデザインされています。

こうした**独創性の高いもの作りは、ジョブズ氏という天才であればこそ実現できた**といってよいでしょう。

ジョブズ氏の思想的背景を理解せずに、ただ教科書的にアップルの独創性について学んでも、陳腐《ちんぷ》な成果しか得られないことは目に見えています。逆に、ジョブズ氏のこうした言動を真似たところで、ただの反社会的な人物で終わってしまうのがオチです。

ジョブズ氏は、本田宗一郎氏と同様、**私たち凡人にとってはまったく参考にならない人物**の一人というわけです。

凡人は「カネで時間」を買え

同じＩＴ業界の成功者ということであれば、私たちはマイクロソフト創業者のビル・ゲイツ氏から多くを学ぶべきでしょう。

ゲイツ氏はプログラマーであり、この分野にかけては天才的な能力を持っていると言われています。会社がかなり大きくなってからも、自分でソフトウェアのコードをチェックしていたことは有名です。

しかしゲイツ氏はジョブズ氏とは異なり、根っからの天才というわけではありません。ゲイツ氏の現実主義的なバランス感覚は、マイクロソフトが飛躍するきっかけとなった出来事を見るとよく分かります。

パソコンそのものを開発したのは米ＩＢＭ社なのですが、ＩＢＭはパソコン用のＯＳ（基本ソフト）を開発する企業を探していました。ゲイツ氏はパソコンの将来性を見抜き、真っ先に手を上げましたが、当時のゲイツ氏は、ＩＢＭに納入できるような製品を持っていませんでした。

将来のロードマップが見えていたゲイツ氏にとっては、**カネで時間を買うことにまったく躊躇はなかった**ようです。要求仕様に合致するソフトを探し、お金を出してこれを購入。改良を加えて自社ソフトとして納入したのです。

パソコンはゲイツ氏の読み通り、途方もない規模の産業に発展し、これが現在の同社の基盤を作り上げました。この時ゲイツ氏は弱冠25歳です。

使えるものは柔軟に使い、決してチャンスを逃さない。これはビジネスや投資にとって非常に重要な感覚です。こうした感覚なら、私たち凡人でもトレーニングによって能力を向上させることができるはずです。20代はこうした感覚を養うための時間といってよいでしょう。

大金を手にするお金持ちは若いころから

「1年以上」ひとつの仕事を続ける

よい事例を模倣し、必要なら外部のリソースをうまく活用することは、凡人が成功を手にするための必須条件です。次に必要なのはやはり試行錯誤でしょう。天才的な能力がない以上、どのようにすればうまくいくのかについて知るためには、実際にやってみるしかないからです。

お金持ちは「実践」で本質を学ぶ

試行錯誤という点ではブックオフ創業者で、現在は俺のフレンチ・俺のイタリアンで大活躍している坂本孝氏の生き方はとても参考になります。彼は、**失敗を繰り返しながら、何度も事業を成功させた人物**です。

坂本氏は、精麦会社のオーナーの息子として生まれ、何不自由なく育ちました。慶應義塾大学卒業後、多くの仲間が大手企業に就職する中、坂本氏はとりあえず父の経営する会社に入社します。最初のうちは何をしたらよいのか分からなかったそうですが、会社の経営が傾き、**再建に奔走したことで事業の面白さに目覚めます**。

30歳になった坂本氏は、数々の事業にチャレンジしていきます。洗車場やオーディオショップに取り組むものの失敗し、結局13の事業を手がけたそうです。その中で中古ピアノ販売はそれなりに成功し、中古品の売買に関するノウハウを獲得。これが後のブックオフの成功につながっていきます。

坂本氏は、中古ピアノ販売のビジネスを他人に譲って横浜に転居し、そこでイトーヨーカ堂（現セブン&アイ・ホールディングス）の出店に関する仕事を手がけました。この時、同社創業家の伊藤雅俊《いとうまさとし》氏と知り合う機会があり、大きな影響を受けます。

やがて、中古ピアノ販売のノウハウとスーパーの出店戦略のノウハウを組み合わせる形で、書籍販売のブックオフを設立。これが大成功を収め、坂本氏は巨額の資産を築きます。

ブックオフの会長を引退した後も、70歳を目の前にして、起業家精神が再燃。俺のフレンチ・俺のイタリアンを設立し、大成功を収めました。

会社をどのように経営すればよいのかという大きな話については経営学の本を読むことでいくらでも勉強することができます。しかし、個々のビジネスが持つ特徴やノウハウといったものは、自身で体験しないと分からないということも少なくありません。

本当の意味で**お金になるノウハウというのは、こうした実務の中に隠れている**ものです。つまり多くのビジネスを体験することは、意味のあることなのです。

米国の思想家でプラグマティズムの原点ともいわれるエマーソン氏は、人生はすべて実験であると述べています。筆者は工学部の出身で学生時代には実験に明け暮れていましたから実感としてよく分かるのですが、実験でもっとも大事なのは、うまくいかなかった時です。

確かにうまくいかないと気分が滅入ってしまうのですが、少なくとも、**その方法ではうまくいかないことが分かったという点ではひとつの収穫**になります。

若手のビジネスパーソンの中には、今の仕事に満足感を覚えることができず、仕事を辞めてしまおうかと悩んでいる人も多いでしょう。筆者自身、転職と起業を経験していますから、嫌な仕事でも長年我慢すべきだといった精神論を述べるつもりはまったくありません。

しかし、**どんなに嫌な仕事であっても、その会社にはその会社なりのノウハウというものがあります**。同じ会社を辞めるのであれば、少なくともその会社のノウハウを盗んでから辞めたほうが得策です。筆者の感覚では、真剣に仕事をすれば最短で1年、長くても3年以内にそのビジネスのノウハウというものは吸収できます。仕事を辞めるのはその後でも遅くはないでしょう。

何度も仕事を変えるのは、実はお金のためにいいこと

こうした試行錯誤は、ただ試行錯誤を繰り返しただけではその効果を十分には発揮しません。試行錯誤の結果を自身の血肉にするためには、その結果を分析し、そこからビジネスの本質を見つけ出すという論理性が必要となります。

この点においても坂本氏の思考法は非常に有益です。坂本氏は徹底的に論理で物事を考えており、これが意思決定のベースになっているのです。

坂本氏が俺のフレンチ・俺のイタリアンのビジネスモデルを思いつくきっかけとなったのは、立ち飲み居酒屋だそうです。

世の中は不況続きで、皆、お金がありません。しかし、日本はすでに豊かな国ですから、いいものを食べたいという欲求も強いはずです。立ち飲み居酒屋とフレンチを組み合わせたら斬新なのではないか？　と坂本氏は考えました。ここまでなら、よくある思いつきレベルの話といってよいでしょう。

しかし坂本氏はこれまで多くのビジネスを手がけてきましたから、ビジネスの原理原則がよく分かっています。飲食店というのは、回転率が非常に重要で、これさえ維持できれば多少原価率が高くてもお店は回ります。

フレンチは原価率が高いのですが、客の回転率が高ければコストを回収することは可能です。ギリギリの低価格でメニューを提供し、顧客を高回転させる業態にすればよいという結論に至ります。

顧客の回転率をどの程度まで上げれば、原価率を何％まで引き上げられるのか、何度も電卓を叩いて計算した結果、坂本氏は、顧客を4回転させれば原価率88％でも赤字にならずに済むという結論を得ました。

この結果をもとに、店舗を展開したのが俺のフレンチ・俺のイタリアンというわけです。
実際、俺のフレンチや俺のイタリアンでは、顧客が2回転から3回転しており、原価率65％でしっかり利益を出しています。ちなみに普通のレストランでは原価率は20％から30％程度ですから、65％という数字は驚異的です。

この話の重要な点は、仮に失敗したとしてもどこが悪かったのかすぐに理解できるという点です。ビジネスモデルがすべて論理に基づいて構築されているので、**うまくいかなかった時の理由も論理的に説明できる**のです。

世の中には試行錯誤ばかりしていて、それがまったく自身の血肉になっていない人がいます。そうなってしまう理由の多くは、漫然と試行錯誤しているからです。

坂本氏のようにポイントを絞って試行錯誤を繰り返していけば、失敗しても、それは有益な経験として生きてきます。しかし、自分がどこで失敗したのか分からないいま、経験だけを積んでも、ムダな投資に終わってしまうことは明らかでしょう。

何度も仕事を変えるのはよくないという話を耳にしたことがあると思いますが、この話は間違っています。何度も仕事を変えるのが悪いのではなく、目的意識もなく漫然と仕事を変えることがよくないのです。

若いうちは大きな失敗もある程度までなら許されることがほとんどです。この時期に、仕事のやり方について試行錯誤を繰り返さないのは逆にもったいないことだと筆者は思います。

目的を持ち、論理的に試行錯誤と改善を繰り返していけば、それは強固なビジネス・ノウハウとして自分自身の資産となるでしょう。やがてはそれが本物の金融資産へと姿を変えていくはずです。

成果を出すお金持ちは若いころから

「最初に何をするか」を決めている

凡人が大きな成果を上げるためには、気をつけるべきポイントがもうひとつあります。それは**優先順位**です。聖徳太子は一度に何人もの人の話を聞き分けることができたという伝説はよく知られていますが、ごく普通の人は、同時進行でいくつものタスクを処理することはできません。

一方で、同じ時間でできるだけ多くのタスクを処理しなければ成果につながらないのも事実です。

そうなってくると、**ムダなタスクは処理せず**、**重要なものから先に処理していく**ことが必要となってきます。つまり物事の優先順位です。実は、お金持ちになるにあたって、優先順位という考え方は極めて重要です。これがうまくいかないことで、大きなチャンスを逃している人が実はたくさんいるのです。

お金持ちが「優先順位」をまず考える理由

「クロネコヤマト」で有名なヤマト運輸の小倉昌男《おぐらまさお》元会長は、宅配サービスをゼロから立ち上げ、巨大企業に育て上げた人物です。

小倉氏は、すべてを理詰めで進めていく聡明な経営者として知られています。**常に物事を順序立てて考え、試行錯誤を繰り返すことで体系化し、最後には完璧な仕組みとして確立させていく**のです。宅配便という画期的イノベーションはこうして生まれたのですが、小倉氏がこのスキルを身につけるまでの道のりはたやすいものではなかったようです。

小倉氏は大学を卒業してしばらくすると父親が経営するヤマト運輸に入社しました。しかし、入社してすぐに結核を患ってしまい、4年間もの入院生活を余儀なくされます。その後、復職しますが、父親の方針もあり、最初のうちは地方の支店などずっと現場回りを担当させられたそうです。

将来が約束されている社長の息子ではありますが、20代の小倉氏は、帝王学を授けられるわけでもなく、**ひたすら現場の仕事を勉強する毎日**だったようです。しかし、この体験が後になって小倉氏の経営判断に大きく影響します。

やがて営業部長になった小倉氏は、収益を上げようと考え、大口輸送の注文をたくさん取ってくるよう現場に指示しました。ところがこの方策は完全に失敗でした。大口輸送は金額こそ大きくなりますが、1個あたりの採算性は悪化します。これが完全に裏目に出てしまったのです。

会社の業績はみるみる悪化し、慌てて小口輸送に切り替えようとしましたが、後の祭りでした。大口にシフトしたことで、小さい荷物の配送を断った経緯があり、お客さんのところに営業に行っても「今さら何だよ」と言われるばかりだったそうです。つまり当時の小倉氏は、すべてが後手に回っており、**優先順位が付けられない状態**だったわけです。

この話は会社全体の業績に関するものですが、同じようなことが、日々の仕事の中でもたくさん起こっているはずです。仕事がうまくいかない人は、周囲に振り回されてばかりで、すべてが後手に回っています。

本人は一生懸命やっているのかもしれませんが、仕事をしっかりこなせなければ、いくら善意であっても最終的には無責任ということになります。当然のことですが、これではビジネスがうまく回るはずがありません。

こうした状態に陥ってしまうのは、あの小倉氏でも同じだったわけですから、まったく気にする必要はないのです。むしろ、重要なのはその後の対応です。

ここで多くの人は、自分はがんばっているのに、なんで報われないのだろうと自己中心的に考えてしまいます。しかし、**無責任に仕事を抱え込んでいるのは自分自身であり、自分は被害者ではないということを自覚しなければ、次に進むことはできません。**

お金持ちの第一歩は「何をしないか」を決めること

小倉氏は業績悪化という現実を前に、理想を捨てる決意をしたそうです。自分に対しては、現時点では負け犬であり、贅沢を言っている状況ではないと言い聞かせました。小倉氏は、多くの事業者が見向きもしなかった家庭用の小口配送に絞り、そこに集中する決断を下します。つまり**現実を知り、優先順位を付け、できないものはすべて後回しにした**わけです。

もちろんこうしたやり方にはリスクがあります。しかし、物事が整理され、優先順位がはっきりしていれば、自分はどの部分に対してリスクを取っているのか明確に理解できます。これは同じリスクを取るという状況であっても、天と地ほどの違いといってよいでしょう。

人はただ会社に行って仕事をして、ご飯を食べて、寝て起きればよいという存在ではありません。会社の仕事はもちろんのこと、会社での人間関係、自身のスキルアップ、プライベートな交友関係、家族・親族との付き合い、資産形成など、多くのことを同時にこなしていかなければなりません。

スーパーマンでもない限りすべてを同時に処理することは不可能です。

ここで優先順位というものを強く意識し、**できることから先に進めていくという割り切り**ができないと、結果的にオーバーフローしてしまい、すべてが中途半端に終わってしまうでしょう。

どの部分を優先するのかは、自分自身で決めるしかありませんが、大事なのは、あれもこれもというのは不可能だということを自覚することです。

たとえば20代のうちは、基礎的トレーニングに邁進すると決めたのであれば、一心不乱に仕事に取り組むべきです。資産運用の勉強をしたいと思うのであれば、プライベートな時間はすべてこれに費やすくらいの覚悟を持ったほうがよいでしょう。

先ほどの小倉氏も、実は家族との間でいろいろと複雑な問題を抱えていたと言われています。そうした中ですべてを抱え込んでしまい、思い悩んだ日もたくさんあったでしょう。そのような環境でも、卓越した成果を出し続けられたのは、**人には限界というものがあり、すべてを同時にこなすことは不可能だという割り切りがあったからに他なりません**。

割り切るという行為について、世間では、ややもすると、ドライで冷たいという印象を抱きがちです。しかし、本当の意味での責任というものを考えた時、何でも安請け合いしてしまうことは、かえって無責任になります。クールに割り切って、優先順位を付けて行動することは、実は、謙虚さの表れなのです。

「逆境」はお金持ちになるチャンス？

仕事やプライベートで押し寄せてくる難題を確実にこなし、しっかりと成果に結びつけるという点では、元東レ経済研究所社長でスーパーサラリーマンといわれた佐々《ささ》木《き》常《つね》夫《お》氏の取り組みも非常に参考になります。

佐々木氏は、東レの取締役に同期トップで就任するなど大きな成果を上げたビジネスパーソンですが、佐々木氏の経歴は驚くべきものです。

佐々木氏は、6歳で父親を亡くして以来、母の手ひとつで育ち、苦学して東大を卒業。東レに就職したのもつかの間、今度は、長男が重度の自閉症にかかり、うつ病を患った妻が43回もの入院と3度の自殺未遂を起こすという厳しい状況に直面しました。さらに長女も自殺未遂を繰り返すという事態となり、子供の弁当作りや学校の送り迎えをしながら、会社の仕事をこなし、同期トップで出世を果たしました。

佐々木氏が、これほどの**逆境においても成果を上げることができた要因は、佐々木氏の思考回路にあります**。ここまで厳しい環境が続くと、人は「なぜ自分だけが」と考えてしまいます。しかし佐々木氏はそのようには考えませんでした。**厳しい状況をそのまま受け止め、その中で仕事をこなすにはどうすればよいのか考え抜いた**のです。

たとえば、家族の病気で職場を一時的に離れてしまう可能性が高い人は、仕事の進捗状況や関係者の連絡先、緊急時の連絡先などについて、常に周囲に知らせておくことで、周囲の人の負担を大幅に軽減することができます。

佐々木氏はこうした準備をしっかりとしておくことで、大きな支障をきたすことなく、高いレベルの仕事を続けることができました。過酷な環境に直面してきた佐々木氏には失礼なもの言いかもしれませんが、こうした環境だからこそ、先を予見して優先順位を付け、できるところから仕事をこなしていくというマインドが育成されたと考えることもできるわけです。

若い読者の人は、どんな小さなことでもよいですから、何を優先するのか、常に考えながら生活してみてください。先にご飯を食べるか、メールをチェックするのかといったレベルでも構いません。大事なのは優先した理由を考えることです。この感覚が身についてくると、仕事に対する認識は大きく変わってくるはずです。

第2章

働き方

「華やかな経歴」ではなく、「地道な仕事」でお金が儲かる人になる

成長が続くお金持ちは若いころから

「目の前のことだけ」を一生懸命やる

世の中には華麗な経歴を持ち、若いうちから脚光を浴びる人がごくわずかですが存在します。

外資系コンサルティング会社マッキンゼーのパートナーから起業家に転身し、DeNAを上場させ、超富裕層の仲間入りを果たした南場智子《なんばともこ》氏や、世界最高峰の投資銀行であるゴールドマン・サックスで最年少パートナーになり、その後、マネックスを創業した松本大《まつもとおおき》氏などはその典型といってよいでしょう。

このような人物には多くの人が憧れ、同じようになりたいと彼らの取り組みを真似ようとします。もちろん両氏とも、あれだけの実績を残した人ですから、学ぶべき点が多いことに異論はありません。しかしながら、**両氏は一種の天才であり、ほとんどの**

人にとって参考にできる点は少ないということも知る必要があります。

こんなお金持ちは参考にならない

松本氏は、非常に謙虚な人ですから、自身のことをおっちょこちょいの性格だと評しています。また、外資系金融機関に就職した理由も、それほどたいそうなものではなく、英語ができるようになりたかったからだと述べています。苦手だった英語を克服できたのは、相手に気持ちを伝えたいという熱意が原動力だったそうです。

この部分だけを取り上げれば、若いころの松本氏は情熱あるごく普通の青年だったということになるでしょう。これらの話にウソはないのでしょうが、だからといって、皆が松本氏のように行動すればうまくいくのかというとそうではありません。

松本氏と同様、高学歴で著名な投資銀行に入社する人はたくさんいますが、厳しい競争社会の中で成功できる人はそれほど多くありません。ましてや松本氏のようなキャリアを築くことができる人など、ごくわずかでしょう。

ちなみに松本氏は、入社後に行われたグローバルな債券数理のテストでほぼ満点を取り、会社を驚かせたそうです。これはただの競争ではありません。全世界からもっとも頭脳明晰な学生が集まる米国の著名な投資銀行でのテストです。

債券数理というのは理解不能というほど難解なものではありませんが、決して簡単ではありません。これをスピーディに解くには、かなりの数学的センスと計算力が必要となります。松本氏は法学部の出身ですが、高校時代には物理学者を目指したこともあったそうですから、理系のセンスも抜群だったようです。

全世界の秀才と数理計算を争って断トツの1位になるわけですから、やはり松本氏は天才なのです。松本氏の配属が、純粋な投資銀行部門ではなく、こうした専門技能が生かせる債券部門だったこともプラスに作用したと考えるべきでしょう。

ちなみに松本氏は新卒で入ったソロモン・ブラザーズを3年で辞め、ゴールドマン・サックスに転職します。ゴールドマンでは、デリバティブの部門をたった一人で立ち上げ、トレーディング用のツールをロータス123（当時はエクセルがまだ普及していなかった）を使って自分で作り上げてしまったそうです。

こうしたことがすべて揃ったうえでの成功ですから、残念ながら私たちが彼から学べることはあまり多くないと思ってよいでしょう。

仕事というものは不思議なもので、同じ仕事の内容で、同じような潜在能力を持った人であっても、皆がうまくいくというわけではありません。それぞれの仕事には、その仕事にふさわしいキャラクターや経歴というものがあり、それに合致する人が成功しやすいのです。

お金持ちのキャリアに憧れてはいけない

では、それぞれの仕事にふさわしい人というのはどのような人なのでしょうか。受験勉強のように何点取れれば○×大学に入れるといったシンプルな話であれば、ある程度予想することもできますが、現実の世界はそう単純ではありません。

しかしながら、その人のキャラクターや学歴、仕事の仕方、人付き合いといったものが複合的に絡み合い、誰がその仕事にふさわしいのか、徐々に決まってくることになります。

先ほど筆者は天才である松本氏から学べることはほとんどないと述べましたが、実はそうではありません。凡人の私たちでも松本氏から学べることはあります。**松本氏**

のキャリア形成において非常に重要な点は、とりあえず目の前の仕事に没頭したということです。

入社の動機が英語ができるようになりたいということだったわけですから、学生の時から金融業界での明確なキャリアパスがあったわけではないでしょう。ましてや債券数理について天才的な能力を発揮することになるとは、考えていなかったはずです。

しかし環境が松本氏の才能を開花させ、最終的には莫大な資産を持つ実業家になるというストーリーが、自然と形成されていきました。**すべての成功が約束されていたかのように見える彼のキャリアパスも、結局のところ、目の前に与えられた役割を着実にこなしたことで実現できている**わけです。

私たちは、子供のころから「夢を持ちなさい」と周囲から言われて育ちます。社会人になるころには、今度はしっかりとしたキャリアパスを構築しなさいとも指導されます。しかし子供に夢を持てと主張している大人の多くは、子供のころから明確な夢を持っていたわけではありませんし、ましてやその夢を実現したわけでもありません。

キャリアパスを描けと指導している人を見ても、本人のキャリアパスがどれほどすばらしいものだったのかは怪しい限りです。

明確な夢を持っている人はそれほど多くありませんし、しっかりとしたキャリアプランを描いて就職する人もそれほど多くはないでしょう。

あまり難しいことを考えず、**とりあえず目の前の仕事に全力を傾ける**という行為は決して悪い話ではないのです。むしろ、**それが最終的には成功につながる原動力となります**。

松本氏や南場氏のような人物に対して、その人の本質ではなくキャリアに対して憧れを抱き、単純にそれをトレースしようとすることはあまりお勧めできません。

松本氏や南場氏のように起業家として大成功しなくても、外資系投資銀行や外資系コンサルティング会社である程度の昇進を果たせば、一般的には大成功という部類に入るのかもしれません。

しかしながら、先ほども触れたように、そこまでの成功を勝ち取る人自体が少数派ですし、そのためにはある程度の運も必要となってきます。

もっともよくないのが、松本氏や南場氏のようにはなれなくても、もう少しランクを下げたキャリアパスにすれば、多少は彼らに近づけるのではないかと考えてしまうことです。

就職先の選定でも同じことが言えます。

自分が志望する企業に入れなかった時、同業でランクを落として就職活動をする人をよく見かけます。どうしてもその業界で働きたいという明確な意思があれば話は別ですが、ここがダメなら次でなんとか、というやり方はあまりうまくいきません。

どこでキャリアは花開くか分かりませんから、むしろいろいろな業種から検討したほうがよい結果につながりやすいでしょう。

年収が増え続けるお金持ちは若いころから

「3回以上」仕事を変えている

世間では仕事をすぐに変えるのはよくないことだと言われます。

ひとつの仕事が長続きしない人は我慢強さがなく、精神面で弱いと認識されているようです。仕事を変えることの是非に関するこの話は、半分は本当ですが、半分はウソです。

しかも仕事をどのようなタイミングで変えればよいのかという話は、実はお金の話と密接に関係しているのです。もう少し詳しく説明しましょう。

お金持ちが仕事を変える本当の理由

ひとくちに仕事を変えるといっても背景はさまざまです。

自分が入った会社が犯罪まがいのとんでもないブラック企業だった、あるいは、その仕事が尋常ではないといったような話であれば、さっさと辞めてしまうのが正解です。

自らリスクを取り、自身の事業として取り組んでいるなら、それはなおさらです。**儲からないと分かった事業にこだわっていると損失は膨らむばかり**となります。ダメだと分かったらすぐに撤退することが原則です。

一方で、すぐには仕事を変えないほうがよい場合もあります。なんとなく自分には合わないのではないか、あるいは自分の理想とは違うのではないか、といったような、曖昧で消極的な不満が理由であれば、少し様子を見たほうがよいというケースが少なくありません。

先ほどマネックス創業者の松本大氏の話をしましたが、あれほどの成果を上げた松本氏ですら、社会人1年生の時には明確な目標が定まっていたわけではないのです。とにかく目の前の仕事を懸命にこなすことで見えてくるものもありますから、**消極的な理由ですぐに仕事を変えてしまうことは控えたほうがよいでしょう**。

もっとも、同じ仕事を長く続けていることの弊害もあります。企業のビジネスモデルやイノベーション、市場の環境といったものは、約10年でひとつのサイクルを迎えます。20年も30年も同じようなメンバーと同じような仕事ばかりしていると確実にその人たちはマンネリ化してしまいます。

仕事や人間関係がマンネリ化すると、発想が貧困になり、新しい状況を認識する能力も徐々に衰えてくることになります。つまり**チャンスをものにできない体質に変わってしまう**のです。こうなってしまうともう取り返しがつきません。

「同じ環境」に居座ると、一生お金持ちになれない

以前、ホリエモンが寿司職人に修行は要らないと発言していつものように大炎上したことがありました。彼の発言は本質を突いていることが多く、非常に示唆に富んでいるのですが、この話もその典型です。

結論から言うと、一般論としてこうした職人さんに長期の修行が必要なのは事実です。その理由は、職人になる人のほとんどが、私たちと同じ凡人だからです。

料理の世界は一種のアートですから、そこには一定の才能が必要となります。しかし食事というものは生活必需品でもありますから、アーティストだけがその仕事に取り組んでいてはとても供給が間に合いません。そんな世界に凡人が取り組むということ

とであれば、体が覚えるまでトレーニングするよりほかないわけです。少々乱暴ですが、こうしたトレーニングをパッケージ化したのが厳しい修行ということになります。しかし、職人さんの中には、ごく希ですが、天才的な人がいます。こうした才能を持った人は、大した努力をしなくても、すぐにめざましい成果を上げることになります。このような人には修行などまったく不要でしょう。

要するにホリエモンは、一定レベル以上の料理の世界はプロ野球選手と同じだと言っているわけです。プロ・スポーツの世界ではどれだけ練習したかなど、どうでもよいことです。大事なことは成果を上げたかどうかであり、それ以外は評価ポイントになりません。

修行云々というのは、私たち凡人にとっての話だったわけであり、それを十把一絡げにしてホリエモン発言を批判してもあまり意味がないのです。

凡人であることを前提にすれば、ある程度、時間をかけてトレーニングすることは重要ですが、一方で、**凡人は同じ環境に長く居続けてしまうとさび付いてしまうもの**です。天才的な職人さんは、常に自己革新を怠りませんが、凡庸な職人さんの中にはマンネリ化し、時代についていけなくなる人が続出するのが現実です。

なぜサラリーマンになってはいけないのか？

筆者は経営コンサルタントをしていたことがあり、外食産業にも関わったことがあるのですが、古いやり方しか知らず、新しい調理方法や味付けに対応できない職人さんは、非常に扱いに困るというのが現実です。これは一般的なビジネスパーソンにとってもまったく同じことが言えます。

その意味では筆者は、**一生のうちで複数回、仕事を変えることは必要不可欠**なことだと思っています。

筆者はサラリーマン時代に1度転職し、会社を設立してからは2度、事業を転換しています。サラリーマン時代の転職は、マスメディアから金融機関という異業種間の転職ということになりますから、大きく分けると3回仕事を変えているわけです。

仕事が変わると付き合う人や覚えることが大きく変わりますから、強い知的刺激を受けることになります。もちろん、新しい業界に入った当初はかなりの負担ですが、人間とは不思議なもので、追い込まれれば、いろいろなことを一気に覚えてしまうものです。

3回も仕事を変えると、あらゆる業界に共通する物事の考え方が理解できるようになってきますし、逆に業界ごとに独特のルールがあり、相互に知識やノウハウの交流がないことにも気付きます。一つの業界しか知らなかった状況と比べると、知識の幅が広がり、精神的にも余裕が出てきました。

世の中では、「サラリーマンは社畜になってしまうのでダメだ」といった話をよく聞きますが、サラリーマンであることがダメなのではありません。同じ人たちと同じ仕事を無目的に続け、周囲の刺激に鈍感になってしまう状況がダメだと言っているわけです。

しかしながら、人間は周囲の環境から大きな影響を受ける動物ですから、マンネリ化しやすい環境にいると、すぐにそこに順応してしまいます。何らかの手段を使って自分に刺激を与える努力をしないと、本当に社畜になってしまう可能性もあります。ダラダラとサラリーマン生活を続けている人は要注意です。

もっとも理想的なのは、自分の中にひとつの大きな軸が存在しつつ、状況に合わせて柔軟に対応できることです。

大きなチャンスはいつやってくるか分からないものです。

それは今かもしれませんし、10年後かもしれません。チャンスがやってきた時に、自分の中に太い軸がないと正しい判断を下すことができません。

逆に言えば、しっかりとした軸さえ出来上がっていれば、お金はどこかのタイミングでついてくるものです。若い時の仕事の経験は、こうした軸を見つけ出すための「修行」と思ってください。

史上最高のお金持ちは若いころから

「何で儲けるか」を決めていた

お金持ちの顔ぶれは時代によって変わりますし、貨幣の価値も時代によって変化しますから、誰が最大のお金持ちだったのか比較することは容易ではありません。しかしながら、当時の貨幣を現在価値に置き換えることで、時代が異なる人の資産についても、ある程度までなら比較することができます。

こうした比較の結果、今のところ地球上でもっとも多くのお金を稼いだビジネスパーソンと認識されているのが、石油ビジネスで大きな財をなしたジョン・ロックフェラー氏です。

ロックフェラー氏は石油で成功した後は、多くの会社に投資する投資家としても知られるようになりました。彼は、「**仕事を簡単には変えるな**」というのが口癖だったそうですが、これは何を意味しているのでしょうか。

お金のために「変えてはいけないこと」

ジョン・ロックフェラー氏は、米スタンダード・オイルの創業者です。ロックフェラー氏は1937年の時点で10億ドルの資産を持っていたと言われています。当時の米国のGDPは約920億ドルですから、ロックフェラー氏はGDPの1・1%に相当する資産を持っていたわけです。これを現在のGDPに当てはめると、約2000億ドル（23兆円）という数字になり、ビル・ゲイツ氏やウォーレン・バフェット氏をはるかに上回ります。計算上では、まさに**史上最大のお金持ち**といってよいでしょう。

ロックフェラー一族は、一時は米国の多くの企業を支配下においていたことから、ロックフェラー一族が米国の政治や経済を陰で操っているといった陰謀論的な話題の対象になったこともあります。そのくらい、彼の**資産額は巨大だった**わけです。

しかし、ロックフェラー氏の実像は、豪腕ではありますが戦略的な実務家でした。若い時から、着実に仕事をこなしてきた人物でもあり、私たちにとっても参考になる部分がたくさんあります。

ロックフェラー氏は1839年、ニューヨークで生まれました。

父親はあまり真面目な人物ではなかったようですが、信心深いパブテスト（プロテスタントの一派）であった母親の影響からか、氏は真面目で熱心な少年に育ちました。質素倹約を信条とする彼のポリシーはこの少年時代に培われたものと言われています。

学校で会計を学んだ後、ある会社の経理担当の職を得ますが、ここでロックフェラー氏は取引の手順や資金の回収など、後の石油会社の経営に役立つ知識をすべて習得しています。

20歳になり、彼は友人と会社を設立。穀物の卸と運送業務から事業をスタートし、その後、オハイオ州クリーブランドにある小さな製油所を所有することになりました。これが後のスタンダード・オイルの前身となる企業です。

今でこそ石油は、社会に必要不可欠なエネルギー源ですが、当時はまだそこまでの存在とは認識されていませんでした。しかし彼は、近い将来、石油が莫大な富をもたらすと確信し、ひたすら競合となる製油所を買収して規模の拡大を図ります。さらに、石油の精製や販売のビジネスには輸送手段が重要と考え、鉄道事業にも乗り出しました。

彼は、後に自身が成功した理由として、**石油という大きな軸からブレなかったこと**をあげています。また、若い人に向けてのアドバイスということで、仕事は簡単に変えるべきではないということを繰り返し述べています。

ロックフェラー氏の思考回路は極めて論理的です。

当時、石油ビジネスに大きな将来性を感じたのは彼一人ではありません。しかし、多くの人は、油田の採掘にばかりに目を向けてしまいました。確かに油田を掘り当てることができれば、大きな富を得られることは誰にでも想像がつきます。油田の採掘に人やお金が殺到するのは、当然の結果といってよいでしょう。

ところが彼は、**油田の開発には目もくれません**でした。

油田の開発はリスクが大きく、掘り当てられるかどうかは、ほとんどが運に左右されてしまいます。**このような賭けに近いビジネスは、実直な彼には魅力的には映らなかった**ようです。

また、石油が巨大なビジネスに成長するのであれば、最終的に業界で大きな影響力を持つのは流通や販売の部分になります。流通・販売の分野であれば、それほど大きな資本を必要とせずに参入が可能であり、しかも、**着実にビジネスを成長させる**ことが可能です。

お金持ちは「強引」だ

こうした冷静な分析をベースに、彼は石油の精製や流通に目を向け、さらには輸送のビジネスにも手を広げていったわけです。

簡単に仕事を変えるなというのは、ここでは石油の将来性を信じるという基本理念の部分を指していると考えられます。現実のビジネスという点では、ロックフェラー氏はさまざまな仕事に手を出していますから、見方によっては節操がないようにも見えます。しかし、彼の中では、石油のビジネスを最大化させるにはどうすればよいのかという**一点だけはブレておらず、すべてはそこに集約化されている**わけです。

もっともビジネスというのは一種の戦争であり、きれいごとだけで済まされる世界ではありません。彼はしばしば、かなり強引なやり方で石油の精製・流通ビジネスを拡大していきました。よく知られているのが鉄道会社とのカルテルです。

石油ビジネスを成功させるためには運送手段の確保が重要になることは先ほど説明した通りです。彼は鉄道会社と組んで、競合他社を輸送から締め出し、自社が優先的に石油を輸送できる仕組みを構築したのです。

マスコミ報道などで彼はかなり批判されましたが、**まったく意に介さず、強引な拡大策を継続**しています。

彼は競合を買収する際、まずは自社の経営規模を説明し、傘下に入ることを丁寧に説得したそうです。相手がそれを受け入れない場合には、あらゆる手段を行使して相手を経営難に追い込み、強引にグループ内に吸収したとも言われています。

ロックフェラー氏の恐ろしいイメージはこうしたところで形作られたものでしょう。

「正攻法」だけではお金持ちになれない

こうした非情な側面は、米ＧＥ（ゼネラル・エレクトリック）の事実上の創業者で、発明王ともいわれたトーマス・エジソン氏にも見られます。

現在の電力システムは交流方式（プラスとマイナスが相互に入れ替わる）ですが、エジソン氏が電球や送電システムを開発した当初は直流でした。しかし、エジソン氏に強力なライバルが現われます。交流方式の基礎を確立した科学者のニコラ・テスラ氏とその実用化を試みた起業家で、ウェスチングハウス創業者のジョージ・ウェスチングハウス氏です。

エジソン氏は当初、直流方式の優位性を強く主張し、ウェスチングハウスと対立しました。相手を貶めるために、エジソン氏は、えげつない方法を含め、ありとあらゆる手段を使ったと言われています。

あまり褒められたものではありませんが、正攻法だけではうまくいかないこともあります。時には荒っぽいことも必要なのかもしれません。

大きな理念の部分は決してブレることなく、状況に応じて柔軟に振る舞い、少々、荒っぽいことでも必要であれば躊躇しない。これらの条件が揃うことで成功の確率は上昇します。確かに大変なことではありますが、**天才でなくても実行できる**という点において、万人に道は開かれています。

最後に勝つお金持ちは若いころから

「選り好み」しない

ロックフェラー氏は、石油という、人生を賭けてもよいと思えるものに若くして出会いましたから、ラッキーな人物といってよいでしょう。しかし多くの人は、賭けてもよいと思えるものを、時間をかけて探し出さなければなりません。

結局のところ王道はなく、目の前の仕事をこなしていく中で、大きな目標を見つけ出すしか方法はないようです。

「基本原則」がお金を呼ぶ

家庭用プラスチック製品を中心に、ありとあらゆる生活用品を製造するアイリスオーヤマという企業があります。今でこそ同社は、高度なマーケティング技術を駆使する超優良企業であり、創業者の大山健太郎《おおやまけんたろう》氏はたいへんな資産家となっています。大山氏がこの事業を軌道に乗せるまでの道のりは簡単ではありませんでしたが、大山氏のキャリアには、私たち凡人にとって大事なことが凝縮されています。**大山氏のように地道に物事に取り組んでいけば、いつかは、自分が賭けるべきものを見つけ出すことができる**はずです。

大山氏は、多くの人が気軽に使っている「消費者」という言葉があまり好きではありません。消費者という言葉には「事業者がモノを買わせるという（押しつけがましい）ニュアンスが感じられるから」というのがその理由です。

アイリスオーヤマが成功した最大の理由は、徹底的な購買者目線の商品作りということになると思いますが、そこに至るまでの道は、かなり地道なものでした。根底にあるのはクールさと徹底したリアリズムです。

大山氏が実業家になったきっかけは家庭の事情です。

大学受験の年、父親がガンで倒れ、余命半年と宣告されてしまいました。当時、大山氏の父親は大阪で大山ブロー工業という社員5人の小さな下請けメーカーを経営していました。父親は翌年に他界し、大山氏はなんと19歳の若さで中小企業の社長に就任したのです。

当時は経営について右も左も分からなかったそうですが、大山氏の発想は常に論理的でした。

下請けの零細企業である以上、仕事を選べる立場ではないというのが社長として出した結論です。一方、大手企業は下請けを確実に必要としているので、**仕事を選ばず、着実にこなしていけば、それなりの注文は取れる**はずというのが大山氏の読みでした。

大山氏は**基本原則通りに仕事をこなし、顧客からの要望にはノーと言わず、すべて受け入れました**。その結果、大山氏の予想通り、営業などしなくても、ある程度の注文がくるようになったのです。

営業の必要がなくなったことで、会社の利益率は一段階、上昇することになりました。少し余裕が出てきたところで、ノーと言わないポリシーをもう一歩進め、難易度の高い仕事をより積極的に受けるようにしてみたそうです。

これが功を奏《そう》して、利益率はさらに向上していきました。

注文がさばけない時には、社員が帰った後、大山氏が一人で深夜まで作業をすることもザラだったようですから、現実はかなりのハードワークだったと思われます。しかし、大山氏にはビジョンがあり、実現のためにハードワークが必要なら、迷わず選択するというしたたかさがありました。非常に目的合理的であり、これが大山氏の最大の強みといってよいでしょう。

大山氏はこうした改善を地道に繰り返した結果、下請けであるにもかかわらず、儲かる仕事だけを選べる立場になり、会社の経営が軌道に乗り始めました。ここで同社はようやく自社製品の開発に乗り出したわけです。

大山氏の優れたところは、自分の仕事に集中するだけでなく、**周囲の状況もクールに認識している点**です。

大山氏の会社の周辺には似たようなビジネスをしている会社がたくさんありましたが、多くの会社は、会社の生き残りのため、皆が必死で働いていたそうです。一方で、一部の会社はオイルショック後の不況であるにもかかわらず、何の問題もなく経営できており、しかも、社員は皆、定時退社していました。会社の雰囲気はのんびりしていたそうです。

お金持ちは「購買者の心理」を知っている

いつの世もそうなのですが、似たような仕事をしていながら、経済的な環境がまったく違うということがよくあります。仕事の内容や立場が違うのであれば納得できるのですが、同じような境遇なのに、大きな差がついているのです。

大山氏は後に、**両者の違いはマーケティングにある**と認識するようになったのですが、これはとても大事なポイントです。

自分よりも経済的に余裕のある人を見ると、仕事の中身が違うから、学歴が高いから、もともとの環境がよいから、など、多くの言い訳を考えてしまいます。つまり、自分がよい環境にないのは、自分のせいではないという理屈です。

しかし現実にはこうした**経済格差というのは、同じ環境にいる人の間でも発生するものなのです。逆に考えれば、誰にでも状況を変えるチャンスはある**ということになります。

大山氏は、**自分が得意とする商品を作って売りに行くという「プロダクトアウト」の発想をやめ、利用者が欲しいものを提供するという「マーケットイン」という考え方に事業をシフト**させました。同時に販売チャネルの見直しも行い、方向性に合わない販売経路はあえて断ち切る決断をしたのです。

これが今のアイリスオーヤマの基盤となっているのですが、冒頭で紹介した「消費者という言葉が嫌い」という考え方は、このあたりから始まったものでしょう。

もっとも消費者目線で製品を提供するといっても、それを実行するのは容易なことではありません。マーケットインやユーザーインというコンセプトを思いついた実業家は多いかもしれませんが、実行できた人は少数派です。

なぜ実現できないのかというと、それを確立するまでの長く厳しいプロセスに耐えられず、多くの人が従来のやり方に戻してしまうからです。

大山氏は、このコンセプトを実践するため、**メーカーと問屋を兼ねる新しい業態を模索しました**。しかしメーカーと問屋は根本的に異なる業態であり、これを兼ねることは簡単ではありません。

ここで諦めないのが大山氏の真骨頂です。

メーカーと問屋は何が違うのか徹底的に考え抜き、最大の違いは、品揃えと在庫管理であるという仮説を立てました。

メーカーでありながら、問屋としても十分な能力を備えるためには、豊富な品揃えと徹底した在庫管理ができなければなりません。これに耐えられるよう、大山氏は徹底して経営のデータ化を進めました。これが現在の同社の経営を支えています。

日々の地道な仕事の中から、物事の本質を見極め、理想のスタイルを構築するため、さらに地道な努力を積み重ねる。

見た目は美しくありませんし、相当な苦労が伴うでしょう。しかし、このやり方であれば、ほとんどの人が実行可能であり、そして、相応の実績を作ることができます。手本にするなら、大山氏のような人物が最適でしょう。

第3章

人間関係

「たくさんの知人」ではなく、「少数のよい知人」でお金が集まる人になる

人付き合いがうまいお金持ちは若いころから「接待」をしていなかった

どんなに優秀な人でも、同時にマネジメントできるのはせいぜい100人までと言われています。急成長するベンチャー企業も社員100人までは創業社長1人ですべてを仕切ることができますが、100人を超えてくると、組織としてオペレーションする形式にしない限り、ビジネスが回らなくなってきます。

しかし、組織にしたとたん、多くの人は指示待ち、責任回避の傾向を強めてしまいますから、企業の成長は鈍化することになります。このカベをどう乗り越えるのかが、成長途上の企業にとっては大きな課題となるわけです。

能力と人的魅力に満ちあふれたベンチャー企業の創業者ですら、そのような状況ですから、ごく普通の人間が、**数多くの人をうまくマネジメントするというのは、かなり難しい課題**だということを理解する必要があります。

お金を引き寄せる「人脈作り」のコツ

第2章では、物事には優先順位や段階というものがあり、高い成果を上げるためには、合理的な考え方が極めて重要であると説明してきました。人脈についてもまったく同じことが言えます。

人脈というのは、経済的な成功を勝ち取るうえで欠かせないものです。

特にビジネスの世界では、人脈がモノを言うのは間違いありません。成功した実業家の多くが、力のある人から引き上げてもらったという経験を持っています。

本人の能力さえあれば十分と思われているスポーツや芸術の分野でも、人脈は重要です。同じような能力を持つ人がたくさんいる中で、重要なポジションに就くためには、やはり人との関係が大事になってくるわけです。

世の中には、どうすれば人との関係を構築できるのか指南するコンテンツがたくさんあります。しかし、これまでの話と同様、コミュニケーションや人脈作りに関しても、参考にしてよい話と、参考にしてはいけない話があります。

この部分を取り違えてしまうと、よい人脈を作れないばかりか、場合によっては逆効果になることさえあります。

お金持ちは「メリット」で動く

コミュニケーションや人脈形成に関して、若いうちからしっかりと認識しておくべきことが3つあります。

ひとつは、人を動かすパワーを持った人間というのは、世の中にはごくわずかしか存在しないということ、もうひとつは、仲がよいことと信用できることは違うということ、最後は、人脈は数ではなく質が重要だということです。

では最初の項目から説明していきましょう。

ドラマなどを見ていると、誰でも熱意さえあれば人の心は動かせると思ってしまいがちです。最初のうちは理解されなくても、ひたむきな心が相手を動かし、最後には物事が動き始めるという展開になることが多いからです。しかし、これはあくまでドラマの中での話であって、現実社会では、こうしたことはまず起こりません。

現実社会で人と上手に付き合うためには、基本的に相手に何らかのメリットを提示する必要があります。これがなければ、人は決して動きません。逆に言えば、人とのコミュニケーションがうまい人や豊富な人脈を持っている人は、**相手のメリットが何なのかしっかり見極め、それを相手に提供できているのです。**

営業などでよく「**商品よりもまず私を知ってください**」などと自分を売り込んだり、雑談などを切り口に人との関係を深めていくのだと豪語する人がいます。確かに一部の人はこうしたテクニックを駆使できるのかもしれませんが、**凡庸な多くの人にとって、これは最悪のパターン**です。相手は商品が欲しいのであって、楽しい人が欲しいわけではありません。場合によっては迷惑な存在になってしまうリスクのほうが大きいでしょう。

接待をやめたら、お金持ちになれた理由

何がよい営業なのかという点について、ミスミ創業者の田口弘《たぐちひろし》氏の話ほど参考になるものはありません。

田口氏は、社員わずか3人の金型商社を巨大企業に育て上げた人物です。事業内容

は金型の商社ですから、普通に考えれば、コテコテの営業ビジネスということになるでしょう。田口氏は営業の神様といったところになるのかもしれませんが、現実の田口氏はそれとは正反対の人物です。

ミスミは対面営業が中心だった金型の世界に、あえてカタログ販売の概念を持ち込み大成功を収めました。田口氏はミスミの創業者ですから、同社の成功で巨額の資産を手にしたのは当然のことですが、ミスミの社内には、30代で年収3000万円台に達する人も出るなど、高収益企業としても知られています。

田口氏がカタログ販売に踏み切った最大の理由は、**接待が嫌だった**からだそうです。田口氏は若い時から、酒席があまり好きではなく、できればこうした場を回避したいと思い続けてきました。酒を酌み交わしながら、人間関係を構築していき、その中でひとつずつ注文を取っていくという、旧態依然とした業界の雰囲気に違和感を感じていたわけです。

そこで田口氏は、接待を思い切ってやめ、必要な情報をすべてカタログに記載して顧客に配ってしまうという奇策に出ます。意外にもこのやり方はうまくいき、ミスミは急成長を遂げることになりました。

つまり、**お客さんは営業マンの笑顔や酒席を望んでいたのではなく、商品に関する情報**

が欲しかったわけです。この事実に気付いた田口氏はもう一歩、そのスタイルを先に進めていきます。顧客からニーズを聞き出し、それに合致する製品を探し出して提供するという、いわゆるソリューション営業を展開したのです。

このソリューション（解決策）という考え方は、コミュニケーションや人脈形成の根幹だと筆者は考えます。

お金持ちも最後は「情熱」を武器にする

成功している人のほとんどは、人と漫然と会うことはありません。なぜその人と会うのか理由をしっかりと考えてからアポを確定します。そうするのはムダな時間を浪費しないという意味もありますが、人とのコミュニケーションがソリューションで成り立っているということをよく理解しているからでもあります。

会う相手がどんな人で、何を求めているのかを理解していなければ、相手にとってメリットのある話はできません。これは自分のためでもあり、相手のためでもあるわけです。

こうした発想を持つことができないため、多くの人が、コミュニケーションの分野でよい成果を上げられないのです。

極論すると、双方にどのようなメリットがあるのか、論理的に説明できない相手とわざわざ会う必要はありません。そう考えると、むしろ、会うべき相手というのは、それほど多くないということが実感として理解できると思います。その数少ない相手こそが、今、必要な人脈と思って間違いないのです。

もっとも筆者はこうした内容を説いておきながら、一方では、熱意が重要であり、最後は人と人との付き合いが物事を決めるともよく主張しています。たまに「加谷さんは言っていることが矛盾していませんか」と問われることもあります。

メリットで人脈は決まるという話と熱意で人脈が決まるという話は、矛盾しているようですが、矛盾はしていません。というよりも、この二つの考え方には正しい順番があるのです。

すべての基本になるのは、やはりメリットです。特にビジネスや投資といったお金が関係する世界では、**メリットによって人が動くというのは絶対的な基本法則です**。しかし、世の中の仕組みはそう単純なものではありません。

メリットがあることは理解できたものの、その先、もう一歩が踏み出せない。あるいは、複数の選択肢を検討しても、どれも甲乙付けがたいというのはよくある話です。**こうした時の決定打になるのが、人としての魅力になります**。

相手にしっかりとしたメリットを提供できたうえで、そこに**強い情熱が加わることで、相手の心を一気に動かす**ことができます。

その意味では、合理性も情熱も両方大事ということになるでしょう。

しかしながら、この順番は決して逆にしてはいけません。最初はメリットで、最後の押しが情熱であって決して逆ではありません。相手にメリットを提示できなければ、何も始まらないということはよく理解しておいてください。一方的に情熱だけを押しつける行為は、相手にとって迷惑なだけです。

お金に縁のあるお金持ちは若いころから

「約束事」を必ず守る

日本マクドナルド創業者の藤田田《ふじたでん》氏は、日本でもっとも成功した実業家の一人であり、資産家としても有名でした。藤田氏の成功哲学は極めてシンプルで、要約すると「**成功するためには人間関係が重要だ**」ということになります。

しかし藤田氏の言うところの**良好な人間関係というのは、ただ仲が良いという意味ではありません**。仲が良いことと信用できることはまったく別の話であり、経済的に成功するためには、信用を得ることが極めて重要なのです。

お金持ちは「遅刻は犯罪」と考える

藤田氏における人間関係の原点は、東京大学在学中に行っていた、ＧＨＱ（連合国軍総司令部）の通訳アルバイトにあります。藤田氏は通訳をしながら、ＧＨＱに勤務する米国人たちの人間関係をつぶさに観察し、その中で、ユダヤ系米国人たちの徹底した合理主義と、人間関係の構築方法に感銘を受けます。

米国はキリスト教の国ですから、当然、プロテスタントやカトリックが多数を占めます。宗教が異なるユダヤ系の人たちは少数派となり、時には差別の対象となってきました。しかしユダヤ系の兵士たちは、階級が低い人でも、皆、よい車に乗り、上官たちよりもずっといい暮らしをしていたそうです。

彼らは、差別されながらも、月末になるとお金が足りなくなる浪費家の兵士たちに利子を付けてお金を貸し出し、お小遣い以上のお金を稼いでいたそうです。兵士たちも、陰では悪口を言っていても、お金を借りている手前、ユダヤ系の人たちには強く出られません。一方で、我慢の限度を超えるような高い金利を要求すれば、お金を借りている彼らも黙ってはいなかったでしょう。

つまり、**お金を貸しているユダヤ系の兵士たちと、お金を借りているキリスト教の兵士たちは、仲は悪いのですが、お互いに一種の信頼関係が出来上がっていたことになります。**ビジネスの世界では、こうした信頼関係が何よりも大事であり、同様の関係を多くの人と構築できる人が経済的に成功しやすくなります。

これは、好き嫌いとメリット・デメリットの話に置き換えてもよいでしょう。人は相手の事を好きか嫌いかで判断してしまう傾向があります。

好き嫌いというのは感情ですからどうしようもありません。しかし好きか嫌いかということと、相手を理解することはしっかりと区別しなければなりません。論理的な思考回路があれば「彼は嫌いだが、彼の言っていることは正しい」「心情的には同意できないが、何をしようとしているのかは分かる」といった、一歩引いた付き合い方が可能となります。

これはビジネスにとって非常に大事な概念です。

先ほど、ミスミの田口氏のところで、営業というのは相手に対する理解がすべてであるという話をしました。相手を理解することができなければ、正しい人間関係を構築することはできませんし、ましてや相手と単純なコミュニケーションを取ることも難しいでしょう。

藤田氏はこのほかにもユダヤ人から信頼に関する多くのことを学びました。**人との**

信頼関係で大事なことは、時間と契約だそうです。

これは藤田氏以外の成功者もよく語っていることですが、ビジネスの世界において遅刻することは犯罪に近い行為と言えます。

なぜなら、遅刻をして相手を待たせてしまうと、相手はその間に何もできず、その時間を浪費してしまいます。しかも、失った時間というのは、後になって取り返すことは絶対に不可能です。つまり、遅刻するという行為は相手からその時間を、ひいてはその時間に稼ぐことができたであろうお金を奪っていることに等しいという解釈になります。**時間を大切にしない人とは決して付き合ってはいけません。**

時間にルーズな人や言うことが論理的ではなくコロコロ変わる人と付き合っていると、膨大な時間を浪費してしまいます。

1回で済むはずのミーティングが複数回になってしまったり、仕事をやり直すケースが増えてきます。1回のロスは大したことがなくても、これが半年、1年と積み重なってくると大変なことになります。さらに20年、30年というスパンでは、もはや取り返しがつかないレベルになっているでしょう。

できるだけ若いうちにこの法則に気付き、日々の生活の中で有効な時間を作っていけるかによって、その人の人生は大きく変わります。

時間にルーズな人は契約にルーズなことも多いのですが、藤田氏は契約についても厳しい視点を持っています。ユダヤ系の人は、ひとたび結んだ契約については絶対に守る傾向が強いと藤田氏は分析しています。

契約書という形で紙にすることを嫌がる人をたまに見かけますが、お金に縁のある人生を送りたいと思うのであれば、このような人と付き合ってはいけません。

藤田氏に言わせれば、誠意を持っているからこそ、それを形に示せるのであり、それこそが信頼の証ということになります。

実際、契約書を作成するとよく分かるのですが、相手を信用できない人は、今度は過剰なまでに自己防衛する内容を契約書に盛り込もうとします。契約書の作成という手続きを踏むことで、お互いの人柄がよく分かるのです。契約書というのは、まさに人間性そのものといってよいでしょう。

他人の時間を決して奪わず、契約というものに誠実に取り組む人であれば、確実に一定の信頼を得ることができるはずです。そのような人の周囲には自然と同じタイプの人が集まってくることになり、有益な人脈が自動的に構築されることになります。

「ユダヤ人のノウハウ」で築いた巨万の富

藤田氏は、ユダヤ人から学んだ哲学を生かすべく、在学中に輸入雑貨販売店である藤田商店を設立してビジネスに乗り出しました。

藤田氏は若いながらも、確実に周囲からの信頼を勝ち取り、実業家としてのキャリアを積み上げていきます。やがて藤田氏のところには、マクドナルドの日本進出という極めて大きなチャンスが舞い込んできます。**藤田氏はユダヤ人から学んだ信頼獲得のノウハウをフル活用し、マクドナルドのビジネスをモノにしました。**

日本マクドナルドは、藤田氏と米マクドナルドの共同出資という形で1971年に設立されました。当初は第一製パンも資本参加していましたが、最終的には藤田氏とマクドナルド本社の合弁会社という形に落ち着いています。

藤田氏がユダヤ人から信頼について学んでいなければ、圧倒的な力を持つ米マクドナルドの言う通りに日本の事業も進んでしまったかもしれません。

しかし藤田氏は、ユダヤ人から学んだ方法を生かし、米国人相手に一歩も引かない強気の交渉を行いつつ、一方で、彼らから高い信頼を獲得することに成功しました。

結局、藤田氏は米国本社との折半という条件を勝ち取り、日本マクドナルドは日本主導で事業を展開することが可能となったわけです。これが藤田氏の巨万の富の源泉となりました。

当時の日本はまだ貧しく、ファストフードとはいえハンバーガーは高級品でした。あえて藤田氏は銀座に出店し、客単価も高く設定したうえで、高収益を心がけました。時代が変わり１９８０年代に入ってハンバーガーが大衆化すると、今度は一気に低価格路線に舵を切り、店舗数を拡大させていきます。これによって同社は、競合のモスバーガーなどを一気に引き離し、外食産業の大手に成長したのです。

圧倒的な魅力がないお金持ちは若いころから

「信用」を武器にする

ミスミの田口氏や日本マクドナルドの藤田氏は、合理主義的に人付き合いをしてきた成功者ということになります。一方で、情熱やその人自身の魅力を武器に人脈を構築し、自身を成功に導く人もいます。

「カリスマ」を真似してもお金持ちになれない

こうした人たちの成功談は非常に面白いのですが、私たちの参考になるのかというと、それはまた別の話です。ごく普通の凡庸な人が、下手に彼らの真似をすると、**ただの迷惑な人になってしまう**可能性もありますから要注意です。

幻冬舎の創業者で伝説の編集者と言われた見城 徹《けんじょうとおる》氏は、そうした人物の代表格といってよいかもしれません。見城氏の人脈構築に関する話題は数限りないほどありますが、ほとんどが一般人に真似のできるものではありません。

見城氏は大学を卒業後、廣済堂出版に入社します。入社1年目のある日、見城氏は新宿御苑の近くを歩いている時に「公文式」の看板を見つけます。今でこそ「公文式」は全世界に生徒を抱える教育大手ですが、当時は、小さな塾に過ぎませんでした。公文式の将来性にピンときた見城氏は、飛び込み営業マンのように会社を訪問し、本を出すことを提案したそうです。

出した本はなんと38万部のベストセラーとなり、公文式はこれをきっかけに巨大企業に成長します。これにはかなりの偶然も作用していると思いますが、何せ新入社員の時の話ですから、やはり**見城氏には特別な才能が備わっていた**と考えたほうが自然でしょう。その後、見城氏は次々と文芸の世界でベストセラーを連発しますが、そこでの人脈構築術も驚異的です。

最初のきっかけは、作家の高橋《たかはし》三千綱《みちつな》氏です。

見城氏と高橋氏が知り合った時、高橋氏はまだ東京スポーツの記者をしており、本業作家ではありませんでした。最初はあくまで本の宣伝に関する仕事上の付き合いだったそうです。

その後、高橋氏が新人賞を受賞し作家になると、編集者と作家の濃密な交流が始まります。お互いにお酒が好きということもあり、毎晩のように飲み歩き、親交を深めたそうですが、高橋氏との付き合いを通じて、中上健次《なかがみけんじ》氏や立松和平《たてまつわへい》氏、つかこうへい氏など若手作家とのつながりができていきました。

見城氏は20代、30代の時には午前3時よりも前に帰宅したことはなかったと述べています。

文芸書を手がけたいとの思いから、見城氏は角川書店に転職しているのですが、カリスマ経営者といわれた角川春樹《かどかわはるき》氏が女性と密会するところまでカバン持ちで付いていくなど、徹底的に懐に飛び込んでいます。

また見城氏は、自分から本を書いて欲しいとお願いするのではなく「見城さんのところで本を出したい」と相手が言い出すまでトコトン相手と付き合うと決めていました。こうした関係を多くの人と構築するためには、**ごく普通のビジネスパーソンでは考えられないほどの時間と労力を費やさなければなりません。**

なぜ「カリスマ」を真似してはいけないのか？

一連の見城氏のエピソードからは多くのことが分かります。

確かに、何が何でも仕事を成功させてやるという強固な意志があれば、相手には伝わるものです。見城氏に限らず、起業などで成功する人は、こうした、常識破りの手法で相手を説得し、自分の味方にしてしまうという経験を持っています。

見城氏は、作家で東京都知事も務めた石原慎太郎《いしはらしんたろう》氏に本を書いてもらうために、石原氏の代表作である『太陽の季節』をすべて暗記して石原氏との打ち合わせに臨んだそうです。当時、石原氏はすでに大作家ですが、『太陽の季節』をそらんじる見城氏を見て「もうわかった」といって本を出すことを了承してくれたそうです。

しかし、普通の人が似たようなことをやってもほとんど効果はありません。

まず第一に、常識破りの手法を使うといっても、普通の人はここまではやりません。確かに、全文をそらんじるほどの気合いを示せば、こうした大作家の心も動かせますが、中途半端な覚悟では逆効果でしょう。常識破りの手法を用いるなら、本当に相手がびっくりするようなことができなければ意味がないのです。

この覚悟を持てる人はそうそういないはずですから、こうした手法は安易に使わないほうがよいでしょう。

もうひとつ重要なことは、相手は、**常識破りの手法や見城氏の覚悟だけに感服して心を開いているわけではない**という点です。

相手は何らかの形で見城氏に魅力を感じているからこそ、プライベートで徹底的に付き合ったり、最後には大きい仕事を見城氏に持ちかけているわけです。この部分を抜きに、濃密な人間関係を構築しようと思っても、それはただの迷惑行為にしかなりません。

見城氏はこうした部分について「**相手を刺激できる存在でなければ意味がない**」と喝破しています。私たち一般人にはこうした魅力はないと思ったほうがよさそうです。

では、こうした人間的魅力を備えていない一般人は、どうやって人との関係を構築すればよいのでしょうか。ここではやはり相手にどれだけのメリットを提供できるのかという合理性がとても大事になります。

お金持ちにとって「究極のメリット」とは?

では多くの人にとってもっとも大きなメリットとは何でしょうか。究極的に考えると、それはやはり信用ということになります。

信用を得るためには大きな出費を出す必要もありませんし、高度なノウハウや学歴も必要ありません。しかし、相手にとって信用できる相手であることは、どんなノウハウや経歴よりも高い価値をもたらすことがあります。

日本人は欧米人と比べて仁義を大事にする民族と言われていますが、この点について、筆者はかなり疑問に思っています。日本人が和や義という言葉を多用しているのは、あまり他人を信用していないことの裏返しである可能性が高いからです。

確かに米国人は交渉好きで、非常にドライな側面があるのですが、ビジネスは意外と信用ベースで進むことが多いのが特徴です。**日本では金額があいまいなまま話を進めると、たいてい後になってお金で揉めることになるのですが、米国では、アバウトな口約束でも意外としっかり守られたりします。**

中国人も同様です。

一般論として、彼らはお金以外は信じないタイプの人たちではあるのですが、実はお金の裏には人という存在が結びついています。ひとたび相手を信用すると、そこまで預けてしまって大丈夫？　というくらいまでのやり取りが可能となります。

また結果的に相手にとって不本意な状況となった場合でも、彼らはあまり自分を正当化しません。

ある条件で交渉が進んでいたところ、本社の意向で話が変わり、相手にとって不利な状況を突きつけなければならないといったケースはどの世界にもあります。当然ですが、相手は話が違うといって怒り出してしまいます。

こんな時、米国人は自分を正当化することなく、決定が変わった理由を淡々と説明することがほとんどです。つまり自分が相手に対して信用を失う行為をしているという明確な認識があるものの、会社の決定である以上、それを変えることはできないということをよく理解しているわけです。そうであれば、つまらない言い訳や正当化をしても意味がありません。

しかし、日本人の場合には「こちらの事情もご理解いただきたく」などと、言い方こそ丁寧ですが、自分だけが非礼なことをしているわけではないと主張する人がかなりいます。**事情を理解しない相手も悪いのだという理屈です。**

日本人が心の底では人を信用しておらず、自己正当化の傾向が強いのだとすると、それはチャンスになります。信用できる人物だと相手に認識されれば、それが大きなアドバンテージになるからです。

信用を得るためにすべきことはそれほど多くありません。時間に遅れない、不機嫌な態度を見せない、支払いは期日通りに確実に行う、後になってから不満を言わない、言うことをコロコロ変えない、自分のメリットと相手のメリットをしっかり認識するといったところになるでしょうか。

ところが**この簡単なことをほとんどの人が実行できず、その結果、１００％の信頼を得ることができない状況**となっています。これさえしっかりしていれば、かなりの人脈を得られるだけに、非常にもったいない話です。

人脈豊かなお金持ちは若いころから「人が来る」のを待っている

これまでいくつかの例を示してきましたが、若い世代の人は具体的にどのように人脈を構築すればよいのでしょうか。最初に行うべきなのは人脈の交通整理です。

人脈は求めてつくるものではない

仕事で大きな成果を上げるためには、キーパーソンとの関係が重要になります。キーパーソンではない人といくら知り合いになっていても、ほとんど意味はありません。**人脈構築の最終目的はキーパーソンの獲得**です。

しかしながら、自分にとって大きなプラスになるようなキーパーソンとそうそう簡単に知り合いになれるわけではありません。20代のうちは、こうした**人脈がゼロであっ**

ても、まったく気にする必要はないでしょう。キーパーソンは仕事のキャリアを積む中でいずれ現われてくることになりますから、焦る必要はないのです。

こうした人脈は、仕事を通じて立場が上の人から紹介されるという形でやってくることがほとんどです。つまり、**重要な人脈を構築しようと思ったら、基本的に「待ち」の姿勢が原則**ということになりますから、自分が無理に動く必要はないのです。

こうした人脈作りは、自分が属している業界から徐々に始めるのがよいでしょう。同じ業界で立場が自分と同等かそれより少し上の人であれば、何らかの接点もあるはずです。その中で**キーパーソンになる可能性のある人を選別し、情報交換などを通じてゆっくりと人間関係を構築していく**のです。

業界内のキーパーソンと知り合いになれたら、そこから派生する業界にも人脈は自然と拡大していくはずです。次が大事ですが、もし、あなたがその業界でそれなりの評価を得るようになってくれば、**あなたとの付き合いを維持したいと考える人**も増えてくるはずです。最終的にはあなた自身もその中でキーパーソンとなっていくというのが理想的です。

キーパーソンの次に重要なのが、**それほど親しくはないものの、自身のキャリアにとっ**

て重要と思える知人です。こうした知人は同じ業界の人である必要はありません。むしろ別の業界のほうが、イザという時には頼りになる可能性もあります。

定期的に会うわけではないものの、会えば多少は積極的に情報交換するという程度の関係が理想的です。

この人はなかなか興味深いと思える人に出会えたら、相手の迷惑にならない程度に関係をキープしておくとよいでしょう。

こうした知人とは、常にベタベタと付き合う必要はありません。本当に仕事の話でその人にコンタクトする必要があれば、その時には真正面から話をすればよいのです。その時に相手が、あなたと会うことにメリットを感じてくれれば、それなりの態度を示してくれるはずです。

こうした形で人脈を維持するということになると、**人数はせいぜい10人から15人程度に落ち着いてくる**と思います。

これ以外の人脈は無理に拡大する必要はありません。多くの人は、友だちという言葉を安易に使いますが、本当の意味で友だちと言える人は何人いるでしょうか。それほどは多くはないはずです。ただの知り合いと友だちは異なる存在ですから、両者を混同すべきではありません。

お金持ちほど「人」を選んでいる

交友関係を維持する人のキャラクターについても、少し戦略的に考えたほうがよいでしょう。理想的なのは、自分と同じような人物ではなく、異なるキャラクターの人物、特に自分の弱点を補完してくれるような人を選ぶことです。

リクルート創業者の江副浩正《えぞえひろまさ》氏は、会社の派手なイメージとは異なり、人と争ったり、強いリーダーシップを発揮するのが苦手なタイプだったそうです。会社を設立し、ビジネスは順調に拡大したものの、時にはトップでいることがつらくなるほどでした。

そうした事情もあり、**江副氏は自分を補完できるようなタイプの人との交流を増やしていった**そうです。江副氏は社員に対して、社外活動を禁止するどころか、むしろ推奨していたのですが、それも人との付き合いの幅を広げて欲しいとの考えからです。

こうして出来上がった社外の人脈は仕事には関連しますが、日々、仕事の相手として付き合っているわけではありません。これは、先ほど例に取り上げた、**さほど親しくはないが、自身のキャリアにはプラスになる人物像**と一致します。江副氏はこうした人脈の重要性に早くから気付いていたわけです。

リクルートに「使える人」が多いのはなぜか？

この考え方は、人と人との関係のみならず、自分と組織との関係にも応用することができます。

分野は多少限定されてしまいますが、リクルート出身の起業家やフリーランスという人はかなり多く、同社は一時期、ある種の人材供給源として機能していました。また、同社は会社を辞めた人も重要な戦力として必要に応じて自社のプロジェクトに投入しています。リクルート出身者は「使える人」が多く、会社との距離の取り方が非常に上手ということになるわけですが、それも、こうした実践的な人脈構築術を創業者自らが社員に指南してきた成果と言えるでしょう。

コンサルティング会社のマッキンゼーも、会社を辞めた社員とのコミュニケーションが絶妙と言われています。

同社では、会社を辞めた元在籍者と交流する場をよく設けており、同社の出身者もこうしたつながりを重視しています。しかしながら、マッキンゼーの出身者だからといって、辞めた後の仕事まで面倒を見てくれるわけではありません。会社に依存しているわけではありませんが、適度な帰属意識があるという、ほどよい関係が大事なのです。

会社とのかしこい付き合い方

サラリーマンの人は、若いうちに会社との関係をどう構築するのかで、その後のキャリアが大きく変わります。

ほとんどの人は、社会人になりたてのころは、いろいろと納得がいかないことが多く、会社や上司に対して反発することでしょう。しかしここで重要なのは、どのような種類の反発なのかということです。

同じ反発でも、家族などに対して感じるような半ば依存した形での反発はあまり好ましくありません。そのような人は、最初は反発していても、やがては愛情に変わり、最後は忠誠心まで持つようになってしまいます。20年もすると、最近の若手社員はなっていない、などと説教をする中高年社員になっているでしょう。

また会社に対する愛情が強すぎると、今度は、自分が思ったように会社が処遇してくれない場合、愛憎半ばで衝動的に辞めてしまったりします。これでは、よいキャリアを築いたり、大きな資産を作ることはできません。

理想的なのは、**会社に対して一定の距離を置く大人の付き合い方**です。これが実現できていれば、会社に長く残ることになったとしても、いわゆる「社畜」に成り下がることはありません。

一方でチャンスがあれば、躊躇することなく転職したり起業することもできるでしょうし、会社を辞めてからもほどよい関係を維持できるはずです。若手のうちは、人や組織との、正しい付き合い方を覚える期間なのだと心得てください。

第4章

マインド

「常識破りの考え方」ではなく、「まっとうな考え方」でお金を呼び込む人になる

突出して成功するお金持ちは若いころから

「社会の常識」に縛られない

人並み以上の成功を収めようと思ったら、人と同じことをしてはいけません。**人と同じような行動を取っていては、平均的な結果しか得られないのは当たり前のことです。しかし、突拍子もない行動ばかりしていては、失敗することは目に見えています。**お金に縁のある生活を送るためには、両者のバランスをうまく保つことが重要です。

「学校の教育」だけではお金持ちになれない

特に日本の教育システムがそうなのですが、学校教育というものは、基本的に組織や権威というものに従順な人材を育成するためのものであり、それ以上でもそれ以下でもありません。したがって、日本の学校教育を真面目にこなしていれば、指示に従って動く、それなりのビジネスパーソンにはなれます。

そこそこの給料をもらい、そこそこの一生でよいということであれば、こうしたキャリアプランも悪くないでしょう。しかし、人よりも大きな成果を上げ、経済的にも豊かになりたいと考えるのであれば、そのままでは不十分です。

第6章で詳しく説明しますが、これは投資の手法にも共通する話です。

日経平均などインデックスに投資をしていれば大きく失敗することはありませんが、それ以上のリターンを得ることはできません。人並み以上の成果を上げるためにはそこから一歩踏み出し、リスクを取って独自のポートフォリオを構築しなければなりません。キャリアプランについてもまったく同じことが言えます。

これまでの社会で常識と思われていたことや、会社での仕事の進め方、上司の指示などについて、何の疑問も抱かず、**従順にそれをこなしているだけでは大きな成果は得られません。経済的に成功するためには、人とは違った行動を取る必要があるわけです。**

しかしながら、この人と違った行動というのがクセモノです。

人と違うという点では、ファッション通販サイトZOZOTOWNを運営するスタートトゥデイ創業者の前澤友作《まえざわゆうさく》氏の右にでる人はそうそういないでしょう。

前澤氏は元ミュージシャンという異色の経歴を持ち、会社が上場し、巨大企業となった今でも、自由な生活を謳歌しています。彼は独身ですが、3人の子供を持ち、しかも子煩悩だそうです。

高校時代、電車に乗るサラリーマンを見て、このような人たちにはなりたくないと強く意識したそうですから、最初から既定路線に乗るという選択肢はなかったのかもしれません。高校時代から学校をサボってバンド活動にのめり込むようになり、とうとうプロデビューすることになります。

音楽活動と掛け持ちで行っていた海外CDの販売が順調に伸び、これが今のZOZOTOWNへとつながっていきました。

経済的に成功した人の多くが、若い時に、既存の常識やあてがわれたキャリアパスに対して強い違和感を持っています。こうした違和感は、経済的な成功を導く大きな要素のひとつであることはほぼ間違いありません。

しかしながら現実の社会はそう甘くはありません。こうした違和感を持ち、道を外《はず》れた人はたいていの場合、失敗します。既存の常識や秩序というものに違和感を持つことはそれほど難しいことではありませんが、正しく道を外れることは簡単ではないのです。多くの人は、前澤氏のようにはなれません。

では**バランスよく道を外れ、人よりも大きな成果を上げる**ことは多くの人にとって不可能なのでしょうか。決してそんなことはないと筆者は考えます。若い時には誰もが持っている社会に対する違和感を上手に保ち続けることができれば、誰にでもうまく道を外れることは可能です。

いつの間にか、貧乏人から抜け出せなくなる人々

先ほどの前澤氏ほどではないにせよ、多くの人が若い時には既存の社会システムについて疑問を持つ時期があるはずです。しかし、ほとんどの人は、社会人になってから10年程度の間にこうした考え方をすべて忘れ去ってしまいます。

筆者は人の気持ちは10年ですっかり変貌するということを身をもって体験したことがあります。筆者は新卒でマスコミ業界に就職しましたが、同期入社の社員の中には、会社の雰囲気に強い違和感を持つ人が大勢いました。

その中の1人は、こうした気持ちが非常に強かったようで、筆者に向かって真剣なまなざしで「俺は明日辞表を出す」と言っていました。配属先で自分が仕えた上司が

あまりにも醜く、この会社にいることが嫌になってしまったようです。

結局、彼は会社を辞めることなくサラリーマンを続けたのですが、筆者もこの話はすっかり忘れていました。

ところが入社から10年近く経ったある日、筆者は彼と偶然に再会しました。

その時、筆者はすでに転職と独立を経験しており、その会社には在籍していませんでした。たまたま新人のころの話題になったので、筆者はその話を彼に軽く振ってみたところ、彼からは驚くべき反応が返ってきました。

配属先の上司にショックを受け、すぐにも辞表を出したいと悩んでいたはずなのに、彼は、配属先ですばらしい上司に出会い、その上司に導かれたと嬉々として話し始めたのです。「俺も当時は若かったからな」といった反応が返ってくると予想していた筆者はちょっと面くらってしまいました。

彼は一流大学を出て、有名企業に入った人物ですから、極めて優秀なサラリーマンと言えます。しかし、組織の常識というものに完全に染まってしまうと、自分が上司に反発していたという事実さえ、なかったことになってしまうのです。

最初は反発していても、時間をかけて順応していくというのは、それなりに大事なプロセスです。しかし、反発していたという事実さえ消し去ってしまい、すばらしい上司に出会ったとまで話を創作してしまうようでは、既存の常識を疑ったり、新しいことにチャレンジすることはもはや困難でしょう。

彼は決して極端なケースではありません。人間の脳には、自分に都合の悪いことは記憶の中で消去してしまうという機能が備わっています。これがないと、つらいことを乗り越えられないからです。しかし、この機能があまり有効に作用しすぎると、最後には完璧な自己肯定しか残らず、そこで成長がストップしてしまいます。

多くのビジネスパーソンは何らかの形で組織に関わっていることが多いと思いますが、その中で、柔軟な思考回路を維持するのはそれほど難しいことはありません。若い時に持っていたこうした違和感を忘れなければよいだけなのです。

数年間、組織の中で働く経験をすれば、組織のルールも分かってくるはずです。行動も抑制され、無謀なことは考えなくなるでしょう。

しかし、当時の違和感を忘れずにいることによって、常に客観的な立場で組織や仕事に対して向き合うことができるはずです。そして、上手に道を踏み外すことも難しいことではなくなってくるでしょう。

少なくとも、大きなチャンスが目の前に転がってきた時に、それに気付かない、あるいは気付いても体や思考回路がまったく動かないといった事態は回避することができます。

成功する確率が高い人は、上手にバランスを取り続けることができる人なのです。

理想の人生を手に入れたお金持ちは若いころから

「10年先の体重」を決めている

既存の常識には疑問を持ちつつも、現実を認識したうえで理性的に行動することは、天才ではない私たちが成功に近づくための有力な手段です。インターネット関連の総合企業であるGMOインターネットグループ創業者の熊谷正寿《くまがいまさとし》氏は、若いうちから夢を「設計」すべきだと主張しています。

成功を引き寄せる「お金持ちの人生観」とは？

熊谷氏の学生時代はあまり褒められたものではありません。名門といわれる国学院高校にトップの成績で入学したものの、在学中はほとんど勉強せず、成績は下がる一方。しまいには、厳しい校則に反発して教師と対立してしまうなど、高校での居心地が悪くなってしまいました。

結局のところ、高校2年生の時に、退学届を出して高校をやめてしまいました。その後、放送大学で学び、単位も取っているのですが、ドロップアウトしてしまったという意味で高校中退と称しているそうです。

さまざまな仕事に手を出しながら、20歳からは本格的に株式投資をスタート。やがてインターネットに目を付け、プロバイダの事業に乗り出します。これが成功し、現在のGMOの基礎が出来上がりました。

熊谷氏がプロバイダの事業を始めたのは1995年であり、この事業に一番乗りしたわけではありません。すでにIIJなど多くのプロバイダ事業者が事業を行っており、むしろGMOは後発だったといってよいでしょう。

それにもかかわらずGMOが大成功を収めたのは、ビジネスモデルがとてもユニークだったからです。同社はNTTが提供するダイヤルQ2という有料サービスをうまく活用して、利用者数を急激に伸ばすことに成功しました。

ダイヤルQ2は、有料の電話サービスでコンテンツの利用料金をNTTが電話料金と一緒に徴収してくれるという便利なものです。当初は、まっとうな有料コンテンツの利用を想定していたのですが、成人向けコンテンツの配信ルートとして普及してしまい、一時期は社会問題にもなっていました。こうしたサービスをＧＭＯは逆にうまく活用し、電話をかけるだけで、事前の手続きなくインターネットに接続できる新しいサービスとして提供しました。アダルトとして定着してしまった通信インフラを、健全なネット用途に生まれ変わらせたわけです。

ネット黎明期ですから、とにかくネットに繋いでみたいという利用者が多く、同社のサービス（当時のサービス名はインターＱ）は急激に普及し、後発企業ながらあっという間に上場することに成功しました。

当時はネットバブルということで多くの企業が上場しては消えていきましたが、ＧＭＯはその後も成長を続け、現在では５０００人近くの従業員を抱える巨大企業グループとなっています。

同社がネットバブル崩壊後も生き残ることができたのは、熊谷氏が**着実に将来をプランニングするタイプの経営者**だったからです。熊谷氏は自分自身のライフプランについても、しっかりと計画を立てており、若い人には、20代の時から夢設計図を書くよう推奨しています。

お金持ちは「後悔」から人生を逆算する

熊谷氏によると、夢を見つけることは、夢を実現することより難しいそうです。確かにその通りで、明確な夢を持っている人などそうそういません。人は子供のころから夢を持つように教えられますが、夢を持てと若い人に説教している中高年の多くは、夢など持っていなかったでしょうし、夢を実現した形跡もありません。

そのような状況で具体的な夢を見つけるにはちょっとしたテクニックが必要です。熊谷氏は、**後悔する人生というものを考え、そこから夢を逆算したり、究極の目標を考えることで、より具体的な目標に落とし込んでいく方法**を提唱しています。

熊谷氏は21歳の時に、夢のリストを作成することで、内面的に抱えていた苦しみから解放されたそうですが、後悔から逆算するというのは、非常に現実的・効果的な手法と言えるでしょう。

後悔する人生というのも、難しく考える必要はなく、抽象的なレベルで構わないそうです。いつも不満ばかり言っている人生、人を嫉む人生、欲しいものがあるのに手に入らない人生といった感じです。抽象的なものであっても、こんな人生は嫌だと思うことで、どうすれば逆の人生を送れるのかイメージしやすくなります。

不満ばかりの人生が嫌だということであれば、自分の不満は何が原因なのかについて深く考えるようになるでしょう。そうなってくると、自分が求めているものは何なのか意外とはっきりしてくるかもしれません。

欲しいものがあるのに手に入らないというケースであれば、自分が欲しいものを書き出してみることで、自分は何を求めているのかはっきりさせることができます。

究極の夢というのもなかなか面白い考え方です。

熊谷氏は、健康面では「死ぬまで健康維持」、知識・教養面では「世界中のあらゆる分野の専門家と渡り合えるだけの知識・教養を身につける」お金の面では「仕事を引退しても豊かに暮らせる経済力」といった目標を掲げたそうです。確かにここまでくると究極の目標ということになるかもしれません。

しかし、この究極の目標をベースにすることで、やりたいと考えることの多くが、究極の目標につながっているということを自覚できるようになり、より具体的な夢を設計する基盤となるわけです。

お金持ちは「いつ、何をするか」を決めている

一連のこうした手法は意外と効果がありますから、やってみて損はありません。

先ほど筆者は学校教育の話をしましたが、学歴が欲しいと強く思っている人や、学歴コンプレックスを持つ人の多くは、実は学歴が問題ではない可能性があります。

日本では学歴と収入が密接に結びついており、渾然一体となっています。したがって**学歴が欲しいと思っていたところが実はお金が欲しかったり、お金が欲しいことの変形として学歴願望になっていたりという歪みが生じがちです**。自分が欲しているものは何なのか客観的に知るためにもこうしたリストアップは有益でしょう。

熊谷氏は作成したリストをもとに、いつの時点で何をしているのかを示す、未来年表を作るそうですが、そこでは何年後に、体重が何キロになっているかまで記されています。

実はこうした時系列の将来設計図のことをビジネスの世界ではロードマップと呼んでおり、非常に重要な概念となっています。

ビジネスのロードマップをしっかりと描くことができれば、ビジネスで成功する確

率は高まります。

その理由は、ロードマップがはっきりしていると、想定した通りに物事が動かなかった場合、どこに問題があったのか特定しやすくなるからです。

うまくいかなかったことは次への糧になりますが、問題点を把握できなければ、何の意味もありません。ロードマップを作っただけではお金は儲かりませんが、将来の設計図を描くことで、お金に一歩近づくことは間違いありません。

自分の人生のロードマップを描くことは、実はビジネスで成功するためのトレーニングでもあったわけです。

商売上手のお金持ちは若いころから

「日常の中」で儲けのタネを発見する

漠然とした夢を壮大な使命に昇華させるには、メンタルな部分と現実的な行動のバランスをうまく保つ必要があります。旅行大手エイチ・アイ・エス創業者でハウステンボスの再生も成し遂げた澤田《さわだ》秀雄《ひでお》氏は、この点において、非常に参考になる人物と言えるでしょう。

「好きなこと」でお金は儲けられる

旅行が好きという人はたくさんいます。澤田氏もその一人で、川の向こうには何があるのだろうとすぐに遠くに行ってしまい、家にはなかなか帰らない子供だったそうです。その意味では、旅行というのは澤田氏の中でひとつの大きな夢であったことは間違いありません。しかし、旅行に行きたいという漠然とした夢を持つ人はたくさんいるものの、大抵の場合、漠然とした夢は、本当の意味での夢には成長しないことがほとんどです。

澤田氏は、大学は国内ではなくドイツに留学しているのですが、この留学にもそれほど明確な目的があったわけではなく、欧州各地を旅行できるのではないかという、少々、不謹慎なものだったようです。こうした話には誇張があるかもしれませんが、多少のいい加減さを持ち合わせていたことは事実でしょう。

澤田氏はドイツに渡ると、水を得た魚のように、いきなりビジネス・センスを発揮しているのですが、事業を始めたきっかけは、やはり旅費の捻出でした。

当時のドイツには、日本人の旅行者に対して現地を案内するサービスはほとんどありませんでした。ドイツにやってくるビジネスマンや団体旅行客にレストランやライブハウスなどを案内するツアーを企画したところこれが大当たりし、かなりのお金を稼ぐことができました。澤田氏はこれで欧州のあちこちを旅行することができたそうです。

事業の面白さに目覚めた澤田氏は、やがてホテルのコンシェルジュにも話を付けるようになり、自動的に顧客が紹介されてくるシステムまで作り上げました。さらに澤田氏は稼いだお金を株式市場に投資し、資産を大幅に増やしています。

最終的には地元の資本家が、資金を出すので現地で会社をやらないかという誘いまで受けるようになりました。

ここで澤田氏がその資本家の誘いを受けていれば、もしかすると澤田氏は欧州で実業家になっていたかもしれません。しかし、澤田氏はその誘いを断り、ビジネスで稼いだ資金を持って日本に帰国します。多くの起業家が資金面で苦労するのですが、澤田氏が起業する時には、すでにまとまった資金を手にしていたのです。

澤田氏は、帰国後、新宿のマンションの一室で、現在のエイチ・アイ・エスの前身となる格安航空券販売会社のビジネスをスタートさせました。この事実だけを見ると、旅行が好きだという澤田氏は漠然と旅行代理店を立ち上げたように思えますが、そうではありません。

確かに澤田氏は漠然とした夢を持った状態で欧州に留学しましたが、そこでプロの実業家顔負けの経験を積み、まとまった資金まで手にして帰国しました。**ひとつの事**

業をそれなりの規模に育てる経験というのは、実際にやってみると分かりますが、その期間が1年や2年という短いものであっても、普通の人の10年分くらいの経験値になっているものです。

澤田氏は、留学期間を通じて、**旅行への憧れという漠然とした夢から**、日本の旅行そのものを変革するという、**壮大な夢へと昇華させることができました。**直接のきっかけとなったのは、日本の航空業界に対する憤りです。

外国の旅行客は、日本人のほぼ半額で飛行機に乗って日本に来ているのに、なぜ日本人が海外に渡航するのに2倍の料金がかかるのか。澤田氏はどうしても納得できませんでした。澤田氏は、海外では当たり前の格安航空券を日本でも本格的に取り扱うことで日本人にも広く旅行の機会を提供したいとの考えから、あえて格安航空券の会社を設立したわけです。

もっとも、起業した当初は仕入れや販売にかなり苦労したようです。日本の航空業界は非常に閉鎖的で航空券の仕入れすらままならない状況でした。澤田氏は外国の小規模なエアラインに焦点を定め、1社ずつこまめに営業し、航空券を仕入れていきました。

販売も同様で、格安航空券の存在は、あまり知られておらず、噂を聞きつけてお店にやってくる旅行好きの若者に少しずつ航空券を販売するという地味なものだったそうです。

日本は今でも、既得権益を持った会社が市場を独占し、利用者に高い料金を強いるという慣行が随所で見られます。澤田氏はこうした既得権益に風穴を開け、それによって経済的な利益を得ることに成功しました。後に大きなリスクを背負いながらも、LCC（格安航空会社）の先がけともなったスカイマークを設立したのも日本の航空料金が過剰に高いという憤りが原動力となっています。

「憤り」が強力な儲けのタネになる

起業家の中には、旧態依然とした業界慣行をなんとしても変えたいという強い思いを持つ人が大勢います。これは投資の世界も同じで、評価されるべき会社を発掘したいという半ば社会的な欲求が投資の成功につながっている投資家は少なくありません。

先ほど、夢を見つけ出すのは意外と難しいという話をしました。しかし、こうした社会的な憤りというものは、最終的には大きな夢につながりやすく、大事にすべきであると筆者は考えます。

ただ、社会的使命の実現というのは、現実には相当な困難を伴います。しかも、何の実績もない若者がそのような発言をしても、若者特有の反抗と思われておしまいでしょう。

この障壁をクリアするためには、**壮大な夢を抱きつつ、一方ではドブ板を渡るように現実問題に対処しなければなりません。**簡単なことではありませんが、ここに大きなチャンスが眠っています。

現実的な問題に一歩ずつ対処していくことは、根気と情熱があれば、誰にでも実行可能なことです。特別な才能は必要ありません。その意味で、万人に開かれたチャンスといってよいでしょう。

澤田氏が起業したところ、旅行業界での常識は、富裕層をターゲットにすることでした。当時、海外旅行はまだまだ高価でしたから、海外旅行に行く層の中心はかなりのお金を持っている人です。富裕層を攻めるというのは、経営学的には正しい判断でしょう。

しかし、こうした美味しい市場には、ＪＴＢのような圧倒的規模を持つ先行者がいることがほとんどです。単価が安く、仕入れも難しい若者向けの格安航空券を着実に売っていくというリアリズムがなければ、同社はここまで大きくならなかったと考えられます。

澤田氏がここに目をつけることができたのは、**憤りという非常にメンタルな部分と、留学中のビジネス経験で培った論理的な思考回路がうまく融合した**からです。

成功した多くの事業家や資本家がそうなのですが、精神的な部分と論理的な部分のバランスが絶妙です。若いうちから多くの体験をしておくべきだというのは、こうした点からも正しいと言えるでしょう。

世間に縛られないお金持ちは若いころから

「成功者と自分」を比べる

数多くの試行錯誤を繰り返しながら、これは！　と思ったもので、大きな勝負ができるのは理想的なことです。

フリマ・アプリのメルカリを創業した山田進太郎《やまだしんたろう》氏のキャリア形成は非常に魅力的であり、皆が憧れます。ただ、山田氏の立ち位置は、常に高いところにあり誰でも真似できるものではありません。部分的な参考にとどめておくのが賢明でしょう。

「積み重ねた経験」がそのままお金に変わる人

山田氏が起業を意識し始めたのは大学在学中だそうです。ぼんやりと起業家になることについて考え始め、ソフトバンクの孫正義氏やワタミの渡邉美樹《わたなべみき》氏などの講演を聞きに行ったそうです。しかし、彼らがあまりにも大物過ぎて、**自分とは遠い人物に感じられ、ちょっとした挫折感を味わってしまいます**。

そのころ、社会ではインターネットの普及が始まり、山田氏は社員がまだ二十数人しかいなかった楽天にインターンとして参加。楽天オークションの立ち上げに従事することになりました。

ネット・オークションはDeNAのビッダーズ、ヤフーのヤフオク、楽天の楽天オークションという3社による争いとなり、結果はヤフーの圧勝。山田氏が取り組んだ楽天のオークション事業は開花しませんでしたが、この時の経験が、15年を経て、メルカリ立ち上げに大きく影響することになります。

起業を志していた山田氏は楽天には入社せず、その後、フリーランスで3年ほど仕事をして渡米します。

山田氏はこのフリーランス時代に、**相当なビジネス・ノウハウを蓄積**しています。山田氏が手がけたプロジェクトの中には、定期購読の仲介サイトを運営する「富士山マガジンサービス」や、ぴあに売却した映画コミュニティサイト「映画生活」、写真共有サイト「フォト蔵」などがあります。

米国でもさまざまな経験をしたそうですが、一連の活動の中ではっきりしてきたことは、多くの人が使えるユニバーサル・サービスの重要性でした。この概念は、その後の山田氏のビジネスにおける基本となっています。

山田氏にとって大きな転機となったのは、帰国した後、2005年に設立したゲーム会社ウノウです。同社はソーシャルゲーム「まちつく！」をリリースして大ヒットさせたのですが、ウノウは推定十数億円でゲーム会社ジンガに買収されます。しばらくの間、山田氏はジンガで働いていましたが、その後退職し、世界一周の旅に出発。帰国後、満を持して設立したのがメルカリというわけです。

山田氏のキャリア形成は非常に理想的です。

最初に手がけた楽天オークションはヤフーに敗北してしまったわけですが、オークションを立ち上げた一連の経験は山田氏の中でひとつの骨格となっています。その後、多くのビジネスを手がけ、それを売却することで徐々に資産を増やしていき、最後は本命の事業で大成功しています。

最近では、事業を立ち上げ、それを売却することを繰り返し、大きな資産を形成していく連続起業家（シリアル・アントレプレナー）と呼ばれる人が増えています。

レンタルサーバーのロリポップを立ち上げ上場させたものの、上場で得た資金を2

年で使い果たしてしまい、その後、再起して無料ECサイト「BASE」や、クラウドファンディング・サイトの「キャンプファイヤー」を立ち上げた家入一真《いえいりかずま》氏。価格比較サイトの「カカクコム」、レシピサイトの「クックパッド」を成功させた穐田誉輝《あきたよしてる》氏などがよく知られています。

成功するシリアル・アントレプレナーは、小さな案件から始めているにもかかわらず、うまくいくたびにノウハウと資金が貯まり、その後のビジネスが加速度的に拡大していくところが特徴です。その意味では、見た目は非常に派手に見えますが、かなり堅実で段階を踏んだやり方といってよいかもしれません。

ただ、多くの人がこうしたやり方を踏襲してよいのかという点については少し注意が必要です。彼らの視点は常に高いところにあり、なかなか普通の人には真似のできるものではないからです。

そもそもお金持ちは「目線」が高い

山田氏は学生時代の起業サークルで、孫正義氏や渡邉美樹氏の話を聞き、スケールが違い過ぎて挫折を感じてしまいました。確かに学生時代の山田氏から見れば、孫氏や渡邉氏はあまりにも偉大過ぎる人物に映ったことでしょう。

孫氏は創業当時、社長である自分以外には3人しか社員がいない（しかもアルバイト）という状態で1兆円の会社を作ると宣言し、社員をあきれさせていたような人物です。

渡邉氏は夢をすべて手帳に書き出し、日付を明確にすることで自分を追い立て、それを実現していくタイプです。

手帳に書いたことを実現すると赤線を引いていくので、渡邉氏の手帳の過去のページは赤線で真っ赤になっており、何が書いてあるか分からないほどです。ワタミは一時期、従業員の過重労働で社会問題になったことがありましたが、こうした苛烈《かれつ》ともいえる渡邉氏のメンタリティが影響していることはほぼ間違いないでしょう。

孫氏も以前「事業とは命をかけてやるものだ」と発言したり、「自転車操業を解消するためにはもっと早く漕《こ》げばよい」と述べるなど、一部からその価値観を批判されたことがあります。

ここでは両氏の考え方の是非については触れませんが、良くも悪くも彼らはカリスマであり、20代のころの両氏の振る舞いは、私たちが真似しようと思っても真似できるものではありません。

そんな彼らにショックを受けた山田氏は、クールで冷静なイメージがあり、孫氏や渡邉氏に比べれば身近な印象を受けます。しかし、それはあくまで印象にしか過ぎません。確かに極限まで精神を追い込むようなハードさはないものの、山田氏の理想は極めて高い位置にあり、ごく普通の人とは根本的に異なります。家入氏や穐田氏も同じといってよいでしょう。

山田氏におけるビジネスの基礎となっている考え方は、全世界的に通用するユニバーサルなものです。

ベンチャー企業は大手企業と比較すると、あらゆる面で不利になります。このためベンチャー企業のビジネスモデルは通常、ニッチ（隙間）を狙うことになるわけですが、これは経営学の世界では常識的な考えです。

しかしニッチはその名の通り隙間ですから、なかなか大きな市場にはなりません。ニッチを狙いながら、大企業に成長できるポテンシャルを得るためには、最初からグローバル市場を狙う必要が出てきます。ウーバーやAirbnbといったビジネスが当初から海外展開を視野に入れているのはそのためです。

しかし、諸外国に比べてガラパゴスの色彩の濃い日本では、こうしたユニバーサル・サービスが成功する確率は極めて低いというのが現実です。筆者はかなり以前からベンチャービジネスの世界に関わってきましたが、成功した例はごくわずかしかありません。

その点で、**山田氏が掲げている目標は最初から極めて高く、エベレストのようなものです**。ごく普通の人が手がけられるものではないということを考えると、山田氏も一種のカリスマといってよいでしょう。

ちなみに穐田氏や家入氏のマインドも尋常ではありません。

穐田氏は、勤務していた大手ベンチャーキャピタルを辞め、事業会社に転職しますが、そこで得たストックオプションの利益はすべて立ち上げたファンドにつぎ込んでいます。その後も、穐田氏は常に背水の陣で事業に臨み、確実に成功させていきます。

家入氏も同様で、いくら上場で舞い上がってしまったとはいえ、稼いだ十数億円のお金をわずか2年で使い果たす人はそうそういないでしょう。

私たちは彼らから部分的にノウハウを盗めばよいのです。

最近はビジネスをするための敷居が低くなっており、誰でも多くのビジネスを手がけることができるようになりました。サラリーマンをしながらでも副業することはそれほど難しいことではありません。

多くのビジネスに接し、その中でカギとなるノウハウを蓄積していくという彼らの姿勢からは多くを学ぶことができます。そのうえで、もう少し目線を下げてリスクを取り、新しいことにチャレンジしていけば、ごく普通の人でも成功できる確率は高まってくるはずです。

第5章

知恵

「知識」ではなく、「知恵」でお金を生み出す人になる

堅実に儲けるお金持ちは若いころから

「読書」ではなく「実体験」で学ぶ

人は若い時にどのような勉強をしたのかで、その後の人生が大きく変わります。特に20代の時に得た知識や経験はとても大事です。読者の皆さんの中にも、どのように学べばよいのか悩んでいる人も多いでしょう。この章では、知識や教養について取り上げてみたいと思います。

「知識」だけではお金持ちになれない

勉強というと、まず「知識」というキーワードが頭に浮かびます。何をするにしても最低限の知識が必要ですから、知識を習得することはとても大事なことです。しかし、**単に知識を得ただけでは、お金持ちになることはできません。**

お金持ちになるためには、**単純な知識だけではなく、それらを総合的に組み合わせた「知恵」が必要**となります。知恵は多くの知識を有機的に結びつけることで得られることもありますが、実体験が知恵を生み出すことも少なくありません。**知恵を身につけるためには、経験を積むことが重要です。**

しかしながら、経験だけを積み重ねればよいのかというとそうとも言い切れません。知識をないがしろにして経験ばかり重視すると今度は考え方に偏りが出てしまいます。**これらのバランスをうまく保つことで本当の「知恵」が生まれてきます。**

知恵というのは、一種の教養と言い換えることもできるでしょう。教養は、総合的な知識が人格や行動に結びついたものですから、知的なものと身体的なものが融合しています。これによってはじめて知識が具体的な行動として生きてくることになります。知識は重要ですが、知識だけではダメで、具体的な行動を伴った教養まで昇華させなければ、大きな資産は作れません。

ところが、知識や知恵、教養については数限りない誤解が存在し、これが多くの人を混乱させています。効果的に学ぶためにはこの点に注意する必要があります。

知識に対する誤解の最たるものは、単純な知識の羅列を知恵と勘違いしてしまうことでしょう。日本はペーパー試験重視の学歴社会ですから、多くの人がこの罠にはまってしまいがちです。

「MBAを持っていても意味がない」と言われるワケ

若いビジネスパーソンの中には、MBA（経営学修士）などを取得しようと頑張っている人も多いと思います。

筆者はMBAといった学位や各種の資格を取得することについて、一定の条件付きで肯定する立場です（筆者自身は特に学位や資格は取得していませんが）。経営コンサルタントとして仕事をした経験もありますから、まとまった形で経営学や財務の知識を得ることはとても重要だと思っています。

ただ一方で、こうした資格には、単に会社に入るためのパスポートとして機能している面があることも事実です。特に**外資系企業の場合には、MBAは幹部候補生としての最低点の要求だったりしますから、業界によってはそもそも持っていないと話にならないという部分もあるわけです**。

一般的な学歴もそうですが、パスポートとして機能するものは、所詮ただのパスポートに過ぎないという一種の割り切りが必要です。

実際、ＭＢＡコースで学ぶ内容は経営学や財務の基本的なことばかりですから、コースで教えられている知識を得ようと思えば、経営学の本や財務の本を一通り読めば事足ります。実際にコンサルティングや金融の最前線で仕事をすればよく分かりますが、教科書に書いてあることは、プロの世界では幼稚園レベルの話に過ぎません。ＭＢＡコースで学べることなど、さっさと独学で理解できてしまうぐらいの能力がなければ、実戦では通用しないでしょう。

よく実務の世界では「ＭＢＡなど持っていても意味がない」「アイツはＭＢＡを持っているのにまったく使えない」といった批判を耳にすることがあります。この話は「アイツは一流大学を出ているのに無能だ」といった話にも置き換えることができるかもしれません。

これは各種の学歴が無意味なのではなく、その人が「使えない」だけの話です。学歴が一種のパスポートのような存在であれば、それは最低限の知識を持っていることの証明書に過ぎません。学校は、あくまで、体系的な知識を効率良く学ぶ場であって、それを知恵に昇華させられるかはすべて本人次第ということになります。

「教養があればお金持ちになれる」のウソ

一方では、こうした実務的な知識ではなく、教養が大事だという話もよく聞きます。最近は教養ブームということもあり、ビジネス誌などには、歴史や哲学などから大局観を学ぼうといった特集がよく組まれています。

実務的な知識とは異なり、こうした教養的な知識というのは、すぐにお金儲けにつながるものではありません。しかし、大きなトレンドを見極めたいといった時などには、非常に役に立つものと言えます。

ただ、MBAなどと同様、こうした教養的な知識というものも、ただ覚えただけでは単なる知識の羅列に過ぎません。さらに言えば、学歴ほどストレートな効果ではないものの、一種の資格として機能している面も否定できないでしょう。特に**教養的な知識については、これで成功をつかみ取るのではなく、教養を持っていると、成功してから強い武器になる**という少し皮肉な特徴があります。

ライフネット生命創業者の出口治明《でぐちはるあき》氏は、日本でもトップクラスの教養を持った経営者と言われています。出口氏はその深い知識から、数多くの書籍を執筆しており、ベストセラー作家でもあります。

ビジネスパーソンの中には、出口氏から多くを学ぼうとする人が大勢います。出口氏の教養はたいへんすばらしいものなのですが、私たちは出口氏のような教養を身につければ出口氏のようになれるのかというと、そうではありません。

こうした教養は実は、成功してから大きな効果を発揮するのです。

出口氏は実業家として大きな実績を収めた人物ですが、出口氏と同等の実績を残した実業家はほかにもいます。つまり出口氏は実業家として大きな成功を収めたことに加え、深い知識や教養を持っていたからこそ、教養ある経営者として極めて高い評価を得る結果となったわけです。

深い知識や教養というものは、成功してから意味を持つというのはこうしたことを指しています。逆に考えれば、こうした知識を身につければ成功できるというほどビジネスの世界は甘くないということです。

整理すると、以下のようになります。

知識を学ぶことはとても重要ですが、単純に知識の羅列になってしまったり、知識の習得が目的になってしまってはほとんど意味がありません。またＭＢＡコースなどで体系的に知識を学ぶことには意味がありますが、そこで知識を身につければ実力がつくと考えるのは早計です。

また歴史など大局的な知識は間接的に大きな力となりますが、やはりそれ自体では特別な効果は持ちません。むしろ、こうした教養的な知識は成功した人が持っているとその効果が倍増するという、権威付けの役割を果たしています。

勉強することはとても大事ですから、こうしたことに注意しながら、自分なりに学習を続けていくのがよいでしょう。結局のところ学びは継続できた人が勝ちです。

教養あるお金持ちは若いころから

「説明」で知識を深める

しっかりとした知識や教養をもとに、これを巨万の富に結びつけた人物として最初に思い浮かぶのは森泰吉郎《もりたいきちろう》氏でしょう。森氏は六本木ヒルズや虎ノ門ヒルズで知られる森ビルの創業者です。

確かな知識が「緊急時」の儲けにつながる

森ビルは東京港区の一等地に次々と高層ビルを建設しているデベロッパーです。同社の資産額は、一時1兆3000億円を超えていました。森一族はまさに世界的な資産家の仲間入りを果たしたわけです。

不動産デベロッパーのオーナーというと、米トランプ大統領を筆頭に、少々強引で品のないタイプの人物を想像してしまいます。しかし、森氏はもともと学者が本業で、不動産業は副業でした。しかし経済学者としての知見をフルに事業に生かすことで、森ビルは世界でも屈指の資産規模にまで成長することができたのです。

森氏の父親は米屋から商売をスタートし、現在の西新橋を中心にちょっとした貸家業を営んでいました。しかし、森氏の父親は、資産家というほどの規模ではなく、ごく普通の大家さんであり、しかも世話焼きの人情家だったようです。

店子（借り主のこと）の子供が学費に苦労していると聞くと援助を申し出たり、逆に浪費が目立つと注意して、店子から煙たがられたりするなど、地域コミュニティの顔として貸家業を営んでいたのです。

森氏もこうした父親の背中を見て育ちましたが、こうした下町的なコミュニティでの経験が後で森氏の大きな財産となります。

森氏は経済学者としての知見から、戦後の高度成長と都市への一極集中を予測。父親からわずかの土地を引き継ぐと、伝統的な大家さん業からの転換を図り、虎ノ門界隈に次々とオフィスビルを建設していきました。やがてビル経営が本業となり、学者を辞して法人化したのが現在の森ビルというわけです。

森氏は学者出身らしく、**すべてが理詰めで計画的**です。

ビルの建設には元手が必要となりますが、零細大家だった森氏にはそこまでのお金はありません。そこで森氏は知恵を絞り、ある手法でまとまったお金を一気に手にします。それは、戦後のハイパーインフレをきっかけとした「投機」でした。

日本政府は太平洋戦争という無茶な戦争を遂行するため、総額で国家予算の280倍という途方もない金額を戦費に費やしました。当然ですが、この規模の財政支出は日本経済の体力を完全にオーバーしていました。

しかも、資金はすべて日銀による直接引き受けで賄われたので、戦争が終わると国内経済は準ハイパーインフレとも呼べる状況となってしまったのです。この強烈なインフレで預金を持っている資産家はほぼすべての資産を失ってしまいました。

このような時、価値を失わないで済むのは外貨や金、あるいは産業用の素材、そして土地です。

森氏はこの状況を冷静に分析し、産業用の素材が高騰すると予測。なんと人絹（レーヨン）の相場に参戦して大量に人絹を買い付けたのです。森氏が相場に参戦するやいなや、預金封鎖が実施され人絹相場は大暴騰。**森氏の資産は何十倍にも増えたそうです。森氏はここで得た資金を元手に、新橋界隈に近代的なビルを建設していきました。**

このような相場に手を出すことは一般的にはとてもリスキーなことです。

しかし、ごく希にですが、過剰なリスクを取ることなく、高い確率で利益を上げられる局面というものが存在します。そのひとつが、こうした**非常時のインフレ**です。森氏は理論にしたがって冷静に状況を分析し、淡々と相場を張って、大きな利益を得たわけです。これはまさに知識・知恵の勝利といってよいでしょう。

お金持ちは「説明」をしたがる人種

森氏はビルの建設についても、経済学者らしい緻密な予測を立てていました。高度成長で企業活動が活発になり、オフィスビルの需要が急激に拡大するとの明確なシナリオを持っていたのです。

もっとも当時の日本は今ほど資金が豊富ではなく、銀行融資のほとんどは製造業の設備増強に回されるという状況でした。不動産に対する融資の条件は悪かったそうですが、森氏は、オフィス需要の増大とインフレの継続を確信しており、負債の拡大にまったく躊躇しなかったそうです。

森氏の予測は見事に当たり、東京は空前のオフィスビル不足となりました。

森氏が新しいビルを開業すると、その日のうちにテナントが決まるといった状況で、同社の業績は飛躍的に拡大していったのです。森氏のデータ重視の姿勢は、その後の赤坂アークヒルズの建設にも生かされました。

アークヒルズは今でこそよくある高スペックビルの一つですが、当時の日本にはこうしたビルは珍しい存在でした。多くの関係者はアークヒルズの建設計画を見て、「こんな高い家賃を払って、テナントに入る会社などあるのだろうか？」と首をかしげていたそうです。

しかし森氏は、今後の日本には外資系企業の進出が相次ぐと予想しており、外資系企業を中心に賃料が高くてもスペックが高いビルには需要があると考えていました。この読みも見事に当たり、アークヒルズは大成功を収め、これが後の六本木ヒルズの開発につながっていきます。

森氏が**物事を理解するためのコツとして実践していたのが、人に説明するという行為**です。人は、頭では分かったつもりになっていても、実際には分かっていないということがよくあります。**自分が本当に理解できているのか確かめるためには、人に説明するのがもっとも早道です。**

説明が下手な人のことをよく「彼は頭がよいのだが、説明があまりうまくなくて」と評することがあります。中にはそうした人もいるのでしょうが、説明がうまくない人というのは、単に説明が下手なのではなく、**自分自身でも実はよく理解できていない**ということが多いのです。

人に分かりやすく説明するという機会が多いほど、自分がどれほど理解しているのか検証することができ、説明が上手になるたびに自身の理解も深まっていきます。人に説明する機会を積極的に持とうとした森氏は物事の理解に対して非常に誠実だったといってよいでしょう。

森氏によると、人に説明する必要に迫られると、自分の頭の中で物事を整理することになり、逆に理解が深まるのだそうです。森氏はこうした理由から、**人に教える場を自ら積極的に作っていきました。**

森ビルは、他のデベロッパーではとても対処できないような難しい地域再開発の案件をいくつも手がけ、これが他社との大きな差別化要因となっていきました。森ビルだけがこうした街作りを実践できたのは、地域コミュニティを「知る」という森氏の徹底した姿勢があったからです。

ちなみに同社は創業後しばらくの間、港区以外の場所ではビルを建設しませんでした。違う土地のことを理解するためにはかなりの労力と時間を必要とするので、かえって効率が悪いというのが森氏の持論です。**物事に対する理解**というものを重視した森氏らしい経営方針といってよいでしょう。

効率よく稼ぐお金持ちは若いころから

「お金のかからない趣味」を持っている

鉄鋼王として有名なアンドリュー・カーネギー氏はロックフェラー氏に次いで史上2番目に大きな資産を築いた人物と言われています。彼は人生の後半のほとんどを慈善活動に費やしましたから、ロックフェラー氏よりもカーネギー氏のほうが、大富豪としてのイメージが強いかもしれません。

お金持ちが「読書」をする理由

カーネギー氏ほど、効率良く大きな資産を築いた人物はいないと言われていますが、その基礎となったのは少年のころからの読書と言われています。彼は生涯を通じて

3000以上もの図書館を寄贈しているのですが、それは読書の大切さを誰よりも強く感じていたからでしょう。カーネギーメロン大学を設立したのも、科学教育を社会に普及させるためです。

カーネギー氏については多くの人が米国人だと思っていますが、実はスコットランド生まれです。13歳の時に両親と共に米国に渡り、その後、米国で生活を続けました。渡米した直後の暮らしぶりは悪く、彼は生活のために織物工場で働き、その後、電信配達員の仕事に就きました。決して楽な仕事ではありませんでしたが、この仕事に就いたことが彼の運命を大きく変えることになります。

彼は電信配達員の仕事をしながら、軍人のアンダーソン大佐の家に足繁《あししげ》く通いました。アンダーソン大佐は、働く子供たちのために自宅の書斎にある400冊の本を自由に閲覧させていたのです。彼はアンダーソン大佐の蔵書を片っ端から読み漁り、少年のうちからかなりの博識ぶりだったそうです。ここで得られた知識が、後の彼のビジネスで大きく役立ちます。

また、電信配達員の仕事は劇場に自由に出入りすることができたので、自然とシェイクスピア演劇のファンになりました。この時の体験が、音楽の殿堂ともいわれるカーネギーホールの建設につながっていきます。

電信配達員の仕事は単調だったようですが、その間にもカーネギー氏は独学で電信技術について学んでいました。

ある時、電信技師が留守にしている時に重要な電信が届き、彼はとっさに機械を操作して無事、電信を受信しました。これは社内規定違反だったようですが、上司がカーネギー氏の能力に着目して電信技師に抜擢しました。

電信技師としての彼の働きはたちまち評判になり、今度はペンシルベニア鉄道の副社長であったトマス・アレクサンダー・スコット氏から、秘書兼電信技師としてスカウトされ、彼の下で働くことになります。このスコット氏との出会いが、ビジネスパーソンとして大きく飛躍するきっかけになりました。

スコット氏の下で働いた数年間で、カーネギー氏は経営のイロハや財務などをすべて学び取り、スコット氏の片腕として鉄道会社の経営者を担うまでに成長しました。

スコット氏はカーネギー氏を可愛がり、資産形成についても積極的にアドバイスしていたようです。スコット氏は、これから伸びそうな会社の株を買うことを勧め、カーネギー氏はスコット氏に指導されたことを忠実に守り、貯めたお金を株式に積極的に投資しました。やがて株価は上昇し、カーネギー氏の資産額は急拡大する結果となったのです。

31歳になったカーネギー氏は、これらの資金をもとに、鉄工所の経営に乗り出すことになります。これが後のUSスチールの前身です。

お金持ちが絶対に口にしない「二つの言葉」

成功した実業家の中にはカーネギー氏のように、事業をスタートした時点で、すでに多額の資金を持っていたというケースが少なくありません。先ほど紹介したエイチ・アイ・エス創業者の澤田秀雄氏も同様です。

澤田氏はドイツ留学中に現地ツアーのビジネスを立ち上げてお金を稼いだだけでなく、その資金を株式投資で増やしています。帰国する時にはかなりのまとまった資金を手にしていました。

日本電産創業者の永守重信氏も同じです。

永守氏はなんと高校時代から小中学生向けの学習塾を開き、高校生の立場でありながら多額のお金を稼いでいたそうです。澤田氏と同様、株式投資でも大成功しており、サラリーマンを始める時にはちょっとした資産家でした。

カーネギー氏や澤田氏、そして永守氏の例から分かることは、**具体的な行動は、いつ始めてもよいということです**。澤田氏は大学卒業後すぐに起業しましたが、永守氏は一度サラリーマンを経験しています。カーネギー氏はサラリーマンをしながら徐々に実業家になっていったという感じです。

読書などから得た知識は、実際の行動が伴うことで理解が深まり、最終的には本人の血肉になっていきます。最初にしっかりと勉強し、その後、実務の世界に入るというのが一般的なパターンかもしれませんが、必ずこの順番でなければいけないというわけではありません。同時平行でもよいですし、逆でもよいでしょう。

要するに、知識の習得と並行して、こうした経験を積むチャンスがあればよいのであって、順番が問題なのではありません。

よく「そのうち勝負をかけてみる」「いつかは独立する」といった話を聞くことがあります。しかし、「**そのうち**」や「**いつかは**」**と言っている人の多くが、その後も同じような生活を送っています**。**具体的な行動を起こすタイミングは、将来でなければならない理由はありません**。

常に行動し、チャンスと思えば、さらに思い切った決断をするというのは、日常的な行為でなければなりません。知識を学ぶことも同じです。どこかで終わりがくるわけではなく、新しい知識を学ぶことが、次の行動につながっていくのです。

ちなみに、カーネギー氏の読書好きは生涯続いたそうです。

彼を訪問した人の多くが、家の書斎で本を一心不乱に読む姿を目撃しています。「もし生まれ変わったら図書係になりたい」といった彼の発言はウソではないでしょう。

しかし、カーネギー氏は、知識が行動に結びつく人ですから、生まれ変わったとしても、ただ本を読むだけでは済まなかったはずです。

思考の整理が上手なお金持ちは若いころから

「話し言葉」ではなく「書き言葉」で考える

読書することの効用のひとつは「書き言葉で考えられるようになる」ことでしょう。**言葉には話し言葉と書き言葉の二つがあります**。話し言葉は文字通り、普段話している内容そのままということになります。これに対して書き言葉は、文章として書く時に用いられる言葉です。

どちらも同じ言葉なのですが、物事を理解したり、整理するにあたっては、話し言葉よりも書き言葉のほうが圧倒的に有利です。その理由は、話し言葉は、頭の中に浮かんだものがそのまま形になりやすく、物事の前後の関係性などが渾然一体となってしまうからです。

よくブログなどでは話し言葉での記述が見られます。

話し言葉は親しみやすい感じがしますので、時と場合によっては非常に有効な手段となります。しかし、いつも話し言葉でしか物事を考えていない人は、複雑な事柄を整理したり、関連付けることが不得意になりがちです。

お金持ちになるためには、論理性が重要だという話は何回もしてきましたが、**論理性を保つためには、書き言葉で考えることが重要です**。

人の頭の中は思った以上に混乱しています。混乱した中から、人は、いろいろと整理をして話し言葉として口に出すわけですが、それでもまだ整理は十分ではありません。最終的に書き言葉としてまとめられることで、初めて論理の世界が見えてくるのです。

「言葉の整理」がうまい人は、お金儲けもうまい

サイバーエージェント創業者の藤田《ふじた》晋《すすむ》氏は、**頭の中を整理するため、あえて言葉にする**という方法を提唱しています。

藤田氏によると、適切な言葉を選べないと、人に伝えることができないのはもちろんのこと、自分自身の中の思考も浅いものになってしまうそうです。こうした悪循環

を脱却するためには、読書をすることはとても大事だと主張しています。

また、しっかりとした知識や論理というものがあると、目の前にある現実の話と、将来のビジョンといった大きな話をバランスよく整理することができます。これができないと、大きな話に影響されて目の前の現実がおざなりになってしまったり、逆に、目の前の現実に追われるばかりで、大局的な判断ができなくなります。


牛丼チェーン吉野家会長の安部修仁《あべしゅうじ》氏は、吉野家をここまでの大企業に育て上げた立役者です。アルバイト店員として吉野家に入り、トップまで登り詰めた安部氏はミスター牛丼とも呼ばれています。現場での泥臭い仕事と、経営学の理論を両立させ、仕事の成功に結びつけた安部氏の手腕は見事なものです。

安部氏は高校卒業後ミュージシャンを目指して上京しました。すぐに音楽で飯が食えるわけではなく、生活費を稼ぐために始めたのが吉野家でのアルバイトでした。徒弟制度が残る厳しい世界だと思ってお店に行くと、意外にも先輩たちは懇切丁寧に技能の指導をしてくれたそうです。

安部氏が勤務した店は吉野家2号店で新橋にあったのですが、吉野家は前近代的なやり方ではなく、少人数で合理的に店を運営できるよう、いろいろと試行錯誤していた時期だったのです。安部氏はたちまち業務を覚え、店から必要不可欠な人材だと思われるようになります。安部氏は正社員として吉野家で働いてみないかと誘われるようになりましたが、ミュージシャンの夢も諦めきれず悩んでいました。

そんな時、上司から読むことを勧められた本が、当時、カリスマ経営コンサルタントと呼ばれ、現在のイオンやセブン&アイといった大規模小売店経営の理論的な支柱となっていた渥美俊一《あつみしゅんいち》氏の著作でした。

渥美氏は読売新聞の記者出身で、日本でも米国のような大規模小売店が必要であると痛感。米国の事情を日本に紹介するとともに、コンサルタントとして小売店各社に対して経営指導を行っていました。ダイエーやイオン、セブン、ニトリといった企業は皆、渥美氏からアドバイスを受けて成長してきたのです。

この本を読んで、安部氏は近代的な外食チェーンの展開に興味をそそられ、長かった髪を切り吉野家への入社を決意しました。

近代的な外食チェーンに関する本を読み、希望を抱いて入社するとすぐに築地店に行けと言われました。築地店はわずか20席のお店に1日1000人が来店するというまさに戦場のような店舗です。アルバイトの経験があるとはいえ、近代経営の本を読み、それに憧れて会社に入ったのに、朝から晩まで牛丼の盛りつけでは、さぞかし嫌気が差したのではないかと思ってしまいますが、安部氏はまったく逆でした。

どうやれば、この大量の客をさばくことができるのか、工夫に工夫を重ね、夢中で仕事をこなしたそうです。

安部氏の頭の中では、牛丼を素早くお客さんに出すための現場での工夫と、フランチャイズ制度をベースにした合理的・近代的な外食チェーンの構築という話はすでにしっかりと融合していたのです。

安部氏は、**現場での知恵や経験を言葉を使って体系化し、大きな仕事に結びつけるという技術**を、20代ですでに習得していたのです。

安部氏は入社後たちまち昇進し、米国への視察留学も行い、その後、42歳の若さで社長に就任します。**知識と経験がしっかり結びついた人は、短期間で大きな成果を出せる**ということがよく分かります。

「知識だけ」でも、「経験だけ」でも、お金持ちにはなれない

経験と知識の結びつきという点では、エルピーダメモリ元社長で半導体事業の再建請負人とも呼ばれた坂本幸雄《さかもとゆきお》氏のキャリアも秀逸です。

坂本氏は野球一筋で高校時代は甲子園を目指しましたが、残念ながらその夢はかないませんでした。監督になるため日体大に進学したものの、教員試験に落第し、ツテを頼って外資系企業の日本テキサス・インスツルメンツに入社します。

坂本氏は入社早々、外国人の上司から「君の専攻は?」と聞かれ「ノィジカル（体育）です」と答えると「フィジックス（物理学）」の間違いじゃないのかと笑われる始末で、専門知識がないので倉庫番からのスタートとなりました。

しかし坂本氏は現場における優れた改善プランを次々と上司に提案、坂本氏の能力を見込んだ会社は坂本氏を大抜擢します。入社2年目の24歳で課長に昇進し、29歳で部長、33歳で工場のライン長、39歳で事業部長という驚異的な昇進を達成しました。

坂本氏は技術の専門家でもマーケティングの専門家でもありませんが、**現場の知恵をベースにした業務改善プランをきっかけに昇進を重ね、その間に技術とマーケティング**

の専門知識を次々と身につけていきました。最後には全世界的に通用する半導体ビジネスのプロとして認知されるまでになったわけです。

坂本氏のケースを見ると、知識だけに偏ったり、逆に現場の経験だけを頼りにすることがいかに危ういことなのかが分かります。両者をうまく融合してこそ、知識は生きてきます。坂本氏は20代の倉庫番の仕事を通じて、こうしたスキルを身につけていきました。

倉庫番の仕事からこれだけの知見が得られるのであれば、どの仕事でも同じような知見を得られるはずです。目の前の仕事を軽視してはいけません。

第6章

投資

「貯金」ではなく「投資」でお金が増える人になる

投資で大成功したお金持ちは若いころに

「コーラ」の転売をしていた

仕事でお金を稼ぎ、そのお金を投資して増やしていくというのは、資産形成の基本となる考え方です。仕事だけでお金を増やすことはそう簡単ではありませんし、逆も同じです。どれかひとつの方法で億万長者になるというのは、よほどの才能か運に恵まれなければ難しいと考えたほうがよいでしょう。

手持ち資金の数倍のお金を投資する方法

仕事での稼ぎがある程度、限定されている場合、最終的な資産額の決め手となるのは運用です。しかしながら、運用の世界にはお金の稼ぎ方と同様、多くの誤解が存在し、それによって間違った投資をする人が後を絶ちません。

投資の失敗は時に、回復不能な損失をもたらすことがありますから、手を抜くことはできません。一方でリスクがあるからといって、投資から遠ざかっていては、資産を形成することは不可能です。**20代は、投資との上手な付き合い方を知るための準備期間**と考えてください。

投資の世界にはひとつの絶対的な法則があります。それは「**リスクとリターンは比例する**」というものです。すべての投資案件がそうだとは限らないのですが、金融商品としてしっかりと流通しているものについては、基本的にこの法則が適用されていると考えてよいでしょう。つまり、**リスクを抑えて、高いリターンを得るということは原理的に不可能**なのです。

しかし、**多くの人は「損をしたくない」という気持ちが強すぎて、なんとか低リスクで高いリターンを得られる商品はないかと探し回ってしまいます**。金融機関の中には、投資家にとって損するばかりの悪質な商品を提供するところも多いのですが、あまりにもリスクばかり気にしていると、こうした、怪しげな商品をつかまされる結果となってしまいます。

こうした商品は銀行など、表面的にはしっかりしている金融機関でも売られていますから、油断は禁物です。投資をするのであれば、基本的にオイシイ話はないという現実をしっかりと肝に銘じる必要があります。

これは投資の手法という意味でも同じです。リスクが低いのに儲かる投資手法というのは、基本的に存在しません。

この点において、世界的な投資家であるウォーレン・バフェット氏には多くの誤解があります。彼の手法から学ぼうという人は多いのですが、十分な注意が必要です。

バフェット氏は短期的な利益を追求せず、長期にわたって繁栄を続ける超優良企業に投資をすることで知られています。強欲で荒っぽいタイプが多い投資の世界において、彼のような人物は珍しく、彼の本拠地にちなんで「オマハの賢人」などと呼ばれています。

日本にもバフェット氏のファンは多く、彼らは、優良な銘柄に長期的視点で投資することによって、大きな利益が得られると考えているようです。しかし、優良企業だけを対象に堅実な投資を繰り返しているだけでは、お金持ちになることはまず不可能です。**バフェット氏のファンと呼ばれる人で、実際に大きな資産を築いたという話は聞いたことがありません。**

それはなぜでしょうか。

確かにバフェット氏は、コカ・コーラ、アメリカン・エキスプレス、ウェルズ・ファーゴ（米国の地銀大手）など超優良企業の株ばかり買っています。最近でこそバフェット氏はＩＢＭやアップルの株を買っていますが、以前は、ＩＴはよく分からないとして、投資を避けていました。それくらいバフェット氏の銘柄選びは、保守的で慎重だったわけです。

しかしながら、株価チャートを見れば分かるように、こうした超優良銘柄の値動きは安定しており、基本的にあまり儲かりません。このような株ばかり買っていたにもかかわらず、バフェット氏が巨額の利益を得ることができるのは、高いレバレッジをかけているからです。

レバレッジというのは、**借金をして**、**持っている金額以上の資金を銘柄に投じる行為を指します**。つまり一種の投機です。これがバフェット氏の驚異的リターンの源泉なのです。

バークシャー・ハサウェイは、傘下に保険会社や鉄道会社、エネルギー会社などを持つ一種のコングロマリット（複合企業）です。こうした事業会社の信用をうまく利用して資金を借り入れ、手元資金以上の金額を株式に投じているからこそ、高いリターンが得られるのです。「**高いリターンを得るためには**、**高いリスクを取らなければならな**

い」というルールは絶対であり、これはバフェット氏にとっても同じです。この厳然たる事実を忘れてはいけません。

お金持ちは泥臭い商売経験が豊富

ではバフェット氏は、勝負師としての感覚をどのように身につけたのでしょうか。おそらく若いころの経験が大きく影響していると考えられます。

バフェット氏は子供のころから、コーラを仕入れて転売したり、競馬の予想新聞を売るなどちょっとした商才を発揮していました。

株を初めて買ったのは11歳の時だそうです。株式投資に興味があったバフェット氏は、コロンビア大学でＭＢＡを取得すると、投資家であり経済学者でもあったベンジャミン・グレアム氏に憧れ、何回も自分を売り込み、彼の下で働きます。その間、着実に自身の資産を増やし、独立した時にはかなりの金額になっていました。

バフェット氏は故郷のオマハに戻って投資会社を設立。家族や友人から資金を預かり投資ファンドの運用を開始しました。これが現在のバークシャー・ハサウェイの前身です。

バフェット氏の生い立ちを見ても分かるように、投資の経験は早いに越したことはありません。投資は経験によって向上する部分が大きいからです。

株式投資は、上がるか下がるかだけの勝負であるにもかかわらず、参加した人の8割が失敗するとも言われています。その理由は、株価の下落時などに、心理的な不安に勝てず、不必要な売買を繰り返してしまうからです。

筆者も投資を始めたばかりのころは、自分に合うスタイルがなかなか見つけられず多くの失敗をしました。しかし自分に合ったスタイルを確立できてからは、比較的順調に資産を増やすことができました。

もし投資についてあれこれと思い悩んでいる人がいたら、今日からでも投資をやってみることをお勧めします。

最初は多少、失敗するかもしれませんが、それは授業料と考えるべきでしょう。あまり経験を積まずに、将来になってから大きな金額に投資するより、今のうちから投資に慣れておいたほうがうまく運用できることは間違いありません。

また実際に投資を経験してみれば、リスクを取らずにリターンを得ることは不可能であることが実感として分かると思います。ここをしっかりと理解することが、投資で成功するための第一歩となります。若いうちは、リスクの取り方を学ぶ期間だと思って試行錯誤を繰り返しましょう。

投資の勘所が分かってくると、本当の意味で、バフェット氏から学べることも多くなってくるはずです。

巨額の資産をつくったお金持ちは若いころから

「25％強制貯金」をしていた

仕事でお金を稼ぎ、そのお金を投資して増やしていくというのは、資産形成の基本中の基本です。仕事だけでお金を増やすことはそう簡単ではありませんし、逆も同じです。

本多静六《ほんだせいろく》氏は日比谷公園の設計などで知られた著名な造園学者なのですが、学者としての給料だけを原資に巨額の富をつくったことでも知られています。

意外すぎるお金持ちの「元手資金」のつくり方

学者としての給料しかなかった本多氏が富裕層になることができたのは、貯蓄と株式投資のおかげです。彼は、大学の勤務をスタートすると同時に、**給料の一定額を必ず**

天引きし、それを株式投資に回すという行動を欠かさずに実施しました。いつの間にか資産は増えていき、最後には現在の価値で億単位にまで膨れあがったのです。学者業の傍ら、本多氏は多くのマネー本を執筆し、ベストセラー作家としても活躍しました。本多氏の著作は、日本におけるマネー本の原点のようなものです。

稼いだお金の一定額を必ず貯金し、そのお金を遊ばせず投資に回すべきという話は、多くの人が耳にタコができるくらい聞かされているはずです。それだけ何回も語り継がれているということは、この方法には資産形成のすべてが凝縮されていると考えるべきでしょう。

ところが多くの人は、この単純な行為を実践することができません。それは消費したいという欲望に勝てないことが原因です。

本多氏は1866年、埼玉県の名主の家に生まれました。本来でしたら、かなり裕福な生活だったはずですが、父親が急死してしまったことから、生活が一気に苦しくなります。しかし勉強のできた本多氏は住み込み書生などをこなしながら苦学して大学を卒業し、ドイツに留学するチャンスを得ます。

帰国して大学に勤めるようになった25歳の時から、本多氏の貯蓄・投資生活が始まるのですが、当初はこれを継続するのがかなり苦しかったそうです。それでも、貯蓄と投資をやり抜くことができたのは、子供のころから貧乏に慣れていたこともありますが、ムダな虚栄心《きょえいしん》がなかったことが大きいと述懐しています。

貧乏に慣れるというのは少し極端な言い方かもしれませんが、**消費というものは、一旦クセになってしまうと、なかなか解消することができないものです**。若い時は後先考えずに消費してしまうものですが、それがずっと継続するようでは確実にその後の生活に支障をきたします。ムダな支出をしないというクセは、若いうちから身につけておくことが重要です。

最近は身の回りの持ち物を最小限にして生活するミニマリストと呼ばれる人も増えてきました。あまり極端になりすぎると弊害もありますが、できるだけモノを持たないようにするというのは消費を抑制する第一歩です。ミニマリストから学べることは多そうです。

消費はクセになると言いましたが、その根底にあるのは虚栄心です。消費が多い人はほぼ例外なく見栄っ張りであり、この部分を是正することができないと、なかなか過剰消費のクセは直せません。

人は稼ぎの一定額を消費しますから、お金のある人の絶対的な消費額は大きくなります。この結果、たくさん消費することがお金持ちの象徴とみなされるようになり、形だけを真似する人が続出するようになったわけです。しかし、お金がないのに消費をするという行為はただ散財しているだけに過ぎません。

このむなしい現実を理解し、つまらない見栄の張り合い競争から脱却しなければ到底、貯蓄や投資はできないでしょう。

こうしたことを乗り越えるために本多氏が採用した手段が、**給料の25%を強制的に貯蓄・投資する**というものです。とにかくまず手元からお金を奪ってしまうことで、消費に対する抑制手段にするわけです。

このようなことを書くと、「そうはいってもいろいろとお金が必要」という反論が聞こえてきます。厳しいようですが、**貧乏な人ほど、お金を消費する言い訳が上手**です。仕事ができない人ほど、なぜその仕事ができないのかの言い訳をするのが上手であるという話と同じです。

本多氏は大学の先生であり、戦前の大学教授は今よりもずっと待遇がよかったと言われています。25%強制貯蓄は、本多氏だからできたことだと指摘する声もありますが、それは違います。

本多氏は本多家に婿養子に入っているのですが、本多家は朝敵である旧幕臣の家系ということで、明治時代には経済的にかなり苦しい状態にありました。本多氏は婿でしたが、本多家の家族全員の面倒を見る必要があり、扶養家族は9人だったそうです。いくら給料がよいといっても9人の家族を支えるのは並大抵のことではありません。実質的にはかなりの安月給だったと考えてよいでしょう。

「コツコツ貯金」を大金に変える方法

もちろん貯金しているだけではお金は増えません。本多氏の資産が膨れあがったのは積極的に株式投資を行ったからです。

本多氏はドイツに留学中、ブレンターノ教授に師事したのですが、ブレンターノ氏は本多氏に学術面だけでなく、資産形成について貴重な指南をしています。

ブレンターノ氏は、**ハイテク株のバブルには再現性**があり、英国に遅れて近代化した日本ではいずれ鉄道株が高騰すると本多氏に説明しました。それまでの間に、鉄道株にしっかり投資をしておくようアドバイスしたのです。ちなみにブレンターノ氏自身も鉄道株などに投資しており、大学教授というサラリーマンの身でありながら、かなりの資産家になっていたそうです。

本多氏はブレンターノ氏の教えを忠実に守り、日本鉄道（現在のJR東日本の東北本線にあたる）株の購入を続けましたが、やがて日本でも鉄道株が高騰。本多氏はまとまった資金を手にすることに成功しました。

投資というものは、**ひとたびまとまった資金が出来上がるとその後はかなり有利にゲームを進めることができます。**

本多氏はそのお金を消費することなく、秩父の山林を立て続けに買い付けます。これも近代化に伴う土地開発で地価が高騰するはずというブレンターノ氏の教えを守った結果です。その後、日露戦争後の好景気となり土地の値段は急上昇。なんと本多氏は70倍もの値段で土地を売却しています。この売買で本多氏はとうとう富裕層の仲間入りを果たしました。

先ほど、バフェット氏のところでも解説しましたが、リスクを抑えて投資をしてしまうと、その分のリターンしか得られません。本気で増やそうと思ったら、ある程度の集中投資は避けて通れないのです。本多氏の場合には、テクノロジーの進歩や近代的な都市開発という部分に賭けたわけです。

これはあくまで結果論であり、鉄道株の投資や土地への投資に失敗すれば本多氏は多くの資産を失ってしまったでしょう。しかし、どこかで勝負をしなければ大きな資産にならないというのは、誰にとっても同じ条件です。

コツコツと貯蓄するという真面目さと、賭ける時には大きく賭けるという大胆さがないと資産形成はうまくいきません。本多氏から私たちが学ぶべきなのは、この絶妙なバランス感覚なのです。

大損した後に大儲けするお金持ちは若いころから

「美人投票方式」で投資先を選ぶ

マクロ経済学の生みの親である世界的な経済学者ケインズ氏を投資家と呼ぶと、多くの人が驚くかもしれません。しかし、ケインズ氏は経済学者としての活動の傍ら積極的に株式投資を行い、大きな資産をつくった個人投資家として有名なのです。株式投資の世界には美人投票という言葉がありますが、これはケインズ氏が編み出したものです。

お金持ちは「何」に投資するのか?

株式投資における「美人投票」というのは、株式投資で勝つための法則を美人投票に例えたものです。**美人投票で勝利するためには、自分が美人だと思う人に投票しては**

ダメです。皆が美人と思う人に投票することが何よりも重要となってきます。これは株式投資でもまったく同じことが言えます。

株価というものが、市場に参加する人たちの総意として形成される以上、絶対的に決まる価格というものは存在しません。自分が有望と思う銘柄に投資するのではなく、皆が有望と思う銘柄に投資することこそが、投資で勝つための秘訣ということになります。

この話は、ケインズ氏の名著である『雇用・利子および貨幣の一般理論』の中で実際に言及されています。

この本の中でケインズ氏は、金融市場において投資家がどのような行動を取るのか詳細に説明しているのですが、美人投票の話はそのくだりで登場してきます。一連の話は、株式投資の本質をよく表しており、ケインズ氏は、卓越した知識に加え、投資家としての豊富な経験を持っていたことがよく分かります。

ケインズ氏はケンブリッジ大学を卒業する前後からすでに株式投資を始めていました。株を始めた理由というのも、学術的なものではなく、**純粋にお金が欲しかったから**

という即物的なものでした。金銭的動機というものが、必ずしも汚らわしいものではないことは、ケインズ氏の人生を見ればよく分かると思います。

その後、ケインズ氏は官僚として大蔵省に勤務したり、大学に戻ったりしているのですが、投資活動はずっと継続していました。一時は為替取引にも手を出し、破産寸前まで追い込まれていますから、**投機的な取引も大好きだったようです**。

しかしケインズ氏は多くの投資を経験し、同時に経済学者としての研究を極めていく中で、ひとつの有力な投資手法を確立していきます。それは、**将来性はあるものの、割安に放置されている銘柄を狙い、過度な分散投資をせず資金を集中投下するというものです**。

これはまさに、今、投資家として世界の頂点に立っているウォーレン・バフェット氏の手法に近いものですが、実際、バフェット氏はケインズ氏の投資について研究しており、自身の投資の参考にしたとも言われています。

ケインズ氏は自分なりの投資手法を確立することで安定的に収益を上げられるようになり、最終的には母校であるケンブリッジ大学の資産運用を任されるまでになりました。ケインズ氏はケンブリッジ大学の資産拡大にも貢献しています。

ケインズ氏は一連の取り組みから何を得ようとしていたのでしょうか。

もちろん投資なので、お金が目的ではあるのですが、ケインズ氏がもっとも関心を寄せていたのは**人の心理**だと思われます。

経済学は、今となっては数式が並ぶ難しい学問というイメージになっています。しかしケインズ氏自身は、数式というものをほとんど使っていません。実際『雇用・利子および貨幣の一般理論』を読んでも、ごく簡単な数式が少し登場するだけなのです。ケインズ経済学で使われている数式のほとんどは、後にケインズ理論を数学的に説明する過程で作成されたものであり、ケインズ氏自身の発案ではありません。

ケインズ氏はもともと、経済の動きというものは、人の心理と深い関係があると考えていました。その仕組みを解明する過程で結果的にマクロ経済学が出来上がったと考えたほうが自然であり、彼の究極的な知的好奇心は人の心に向いていたのです。

経済活動というのは、人とのコミュニケーションの集大成ですから、人の心理とお金が密接に関係しているのは、当然といえば当然のことかもしれません。

人が時として「正確に」間違える理由

そんな彼が重視していたのが知識のバランスです。

彼は「**正確に誤るよりは、漠然と正しくありたい**」という有名な言葉を残しています。正確に誤る人というのは、全体像が見えていなかったり、仮説の立て方が間違っているなどの理由から、完璧な理論を組み立てているように見えて、正反対の答えを出してしまうような人のことを指しています。

似たような言葉に「木を見て森を見ない」というものがあります。両者はまったく同じことを意味しているわけではありませんが、近いことを指摘していると考えて差し支えないでしょう。

すでに確立している知識について、何の疑問も抱かずに受け入れているだけの人は、状況が変化すると100%正確に間違ってしまいます。しかし、細かいことは完璧ではなくても、物事の全体像が頭に入っている人は大きく間違いません。

物事には、総論（マクロ）と各論（ミクロ）というものがあり、基本的に両者の背後にある前提条件は一致している必要があります。**総論と各論が違う結果になっても一向に構わないのですが、前提条件は同じになっていることが重要です。**

総論として正しく、それを前提に各論が組み立てられていれば、各論部分で多少のミスをしても大きく間違うことはありません。しかし、総論を考えずに各論から入ってしまうと、全体像が分からないまま、各論だけが完結してしまい、結果的に答えは正反対ということにもなりかねません。

　これは企業の戦略と戦術の関係や読書にも当てはまります。

　戦術のミスは、やり直すことで対処できますが、戦略のミスを戦術でカバーすることは不可能です。ところが現実にはこれをやってしまうケースが後を絶ちません。

　また、何か新しい知識を得た時には、常に総論と各論の関係を整理することが重要です。本を読む時でも、各論部分だけを理解してその本を分かったつもりになっていると、とんでもないミスをすることがあります。

　人が書いた文章のキーワードだけに反発し、全体を評価できていないというのは、ネットのコメント欄などではよく観察される現象です。凡庸な人生を送りたければそれでもよいのでしょうが、それなりの成果を上げたいと思っている人にとって、こうした短絡的な理解は致命傷となります。

　バランス感覚を保ち、１００％でなくてもよいので、常に漠然と正しい決断を下せることのほうが、ビジネスや投資では圧倒的に有利なのです。

　ケインズ氏はこのことをよく理解していたので、経済学者としても大きな成果を上げ、かつ投資家としても大成功したものと思われます。

資産が増えるお金持ちは若いころから

「ニュース」を毎日チェックする

これまで取り上げた億万長者の蓄財方法を整理すると、以下の4点に集約することができます。

❶貯蓄は投資をするための原資確保を目的に行う
❷大きなリターンを得るためには相応のリスクを取る必要がある
❸大局観をつかみ、しっかりとしたシナリオを持つ
❹株価が形成されるメカニズムを理解する

これらは、第5章で解説した知識の習得という話にも、深く関係してくるものです。特に、株価形成のメカニズムや物事の大局観を理解するためには、しっかりとした情

報収集が不可欠です。各種の情報が有機的に結びつくことで、はじめて具体的な成果となって結実します。

ニュースをお金に変える方法

株式投資の成果というのは、個別企業の業績に左右されますから、個別企業の状況を分析できればよいということになります。しかし、それぞれの企業は、日本経済という大きな枠組みの中で活動していますから、最終的には経済全体の方向性が経営を左右することになります。

物事を理解する順番は大から小というのが原則であり、逆にしてしまうと、ケインズの言うところの正確に間違うという結果になりかねません。経済の大きな流れをつかんでいれば、チャンスが舞い込んできた時にそれを的確に察知し、個別の行動に移すことができます。

元NHKの記者でインテリジェンス分野の専門家としても知られる手嶋龍一《てしまりゅういち》氏は、経済の大きな流れを読み解くことで、若くしてかなりの資産を手にしていました。手嶋氏は北海道生まれなのですが、手嶋氏の父親は北海道で炭鉱を経営していました。その関係でいくつかの炭鉱株を保有しており、父親が亡くなったことで、手嶋氏と母親はわずかな炭鉱株を相続することになりました。しかし、炭鉱は斜陽産業ですから、この先、あまり期待は持てません。

そこで手嶋氏と母親はこれらの株を売り払い、その代わりに、今後成長する株に資金を投じることにしました。手嶋氏は、石油というエネルギー源はますます重要になると考え、資金のほとんどをアラビア石油の株式に投じたのです。

その後、中東戦争とオイルショックが発生し、石油価格は暴騰することになるのですが、アラビア石油はそれに先んじてすでにかなりの大相場となっていました。高値で売り抜けた手嶋氏の元には巨額の現金が残り、ＮＨＫに入局する時には、生活に困らないほどの資産家になっていたそうです。

証券会社の営業マンも大喜びで、売却代金をわざわざ現金に替え、記念撮影までしてくれました。

このような話を書くと、「**大きなチャンスなどそうそうやってこないのではないか？**」というネガティブな話が返ってきます。昔はチャンスがたくさんあったが、今は違うのだ、という理屈です。しかしこれは本当なのでしょうか。

電気自動車大手のテスラモーターズは、上場以来、すでに株価は何十倍にもなっています。**筆者自身もパソコン・メーカーのレノボを上場してすぐに購入し、10倍に増やした経験があります。**

電気自動車の市場が急拡大することは誰もが知っていたはずですし、中国のパソコン市場が急拡大することも、当時、ほとんどの人が知っていました。エネルギー価格の高騰を予想していたのは手嶋氏だけではなく、多くの人が同じ感覚を持っていたはずです。

しかし、多くの人は「そんなこと知っているよ」と言いながら投資はしません。結果に違いが出ているのはそれだけのことであり、大した話ではないのです。**今でもニュースをチェックしていれば、いくらでも伸びる銘柄というものは見つけ出せます。**この大局的な動きを個別の行動に移せるかが問題なのです。

アマゾンのようなネット通販がリアル店舗を駆逐するという話は、かなり前から囁かれていました。その理屈に沿ってアマゾンに投資していれば、多くの人が一財産築くことに成功していたはずです。**大局観を養うというのは、大それた話ではなく、日常的なニュースの理解で十分であることがお分かりいただけるでしょう。**

「難しそうな話」はお金にならない

こうした大局観に加え、個別の会社の株価がどう形成されるのか理解できていれば投資は鬼に金棒です。株価が形成されるメカニズムという点では、著名投資家のピーター・リンチ氏の考え方はとても参考になります。

リンチ氏は、1944年生まれで、ボストン大学を卒業後、ペンシルベニア大学ウォートン校でMBAを取得。その後はアナリストやファンドマネージャーとして活躍しました。その間、全米でも屈指の運用成績を上げたことで知られています。

リンチ氏の手法はあまりにも常識的で、当たり前のことばかりです。たとえばリンチ氏の投資格言でもっとも有名なのは、「90秒で説明できない会社に投資をしてはいけない」というものです。似たような言葉としては「クレヨンで描けないアイデアには投資するな」というのもあります。

人は難しそうに見える理論や、キーワードを多用した説明などになぜか魅力を感じてしまいます。自分は頭がよいと思っている人ほど、その傾向が顕著です。

しかし、ビジネスの基本的な仕組みは、太古の昔からほとんど変わっていません。

表面的にはテクノロジーを駆使して難しそうに見える企業でも、ビジネスモデル自体は簡潔に説明ができるものばかりです。

たとえば楽天は、出店者にお店の場所を貸し出し、出店料をもらうという商売ですから、基本的に百貨店と同じですし、グーグルは広告代理店に過ぎません。使っている技術や、手法が従来と異なるだけです。

逆に考えれば、シンプルに説明できないような企業はリスクが大きいと判断することができます。リンチ氏は下手に知識のある大人がポートフォリオを組むよりも小学生にポートフォリオを組ませたほうが、よっぽどましな投資ができると喝破《かっぱ》しています。

リンチ氏はまた、冴《さ》えないと思われている業界に注目することの重要性についても説いています。

高成長が続き、多くの企業が激しい競争を行っている業界は、見た目は派手で、今後も伸びていくようなイメージがあります。確かに業界全体としてはそうなのですが、投資家にとっての最終目的は株価が上昇することです。

リンチ氏はあまりぱっとしない業界のほうが投資には有利だと指摘しています。

その理由は、そのような業界は全体の成長率は低いことから、弱い企業が生き残れる確率が低く、結果的に大きなシェアを持ち、安定的に利益を上げ続ける企業が生まれやすいからです。

　こうした知見は、投資のメカニズムについて徹底的に考え抜いたからこそ得られたものといってよいでしょう。

おわりに

このところ菓子メーカーのカルビーの業績が絶好調です。その秘密は、外部から社長に招聘《しょうへい》された松本晃《まつもとあきら》氏による改革が成果を上げているからです。

松本氏は、商社出身で外資系企業トップを務めたエリートではあるのですが、まったく飾らない人柄で、失礼ながら見た目は冴えないオジサンです。発言もざっくばらんで、これまでカルビーがダメだった理由について「儲ける気がなかっただけ」とバッサリです。

松本氏によると、経営というのは難しいものではなく、品質、コスト、供給をしっかりやれば利益を出すことができると主張しています。もちろん、松本氏は話をシンプルにしていますから、それだけで利益が上がるわけではありません。しかし、ビジネスというのはそもそもシンプルなものであり、儲けなければ意味がないという主張は本質を突いています。

この話は個人に置き換えてもまったく同じです。

多くの人がお金に対して強い欲求を持っていながら、日々の行動はお金が儲からなくなることばかりです。松本氏流に言えば、皆、お金が大好きであるにもかかわらず、お金儲けする気がない人ばかりというのが現実なのです。

たとえば、相手の立場に立って物事を考える、自分に非があれば素直に謝るというのは、ビジネスを成功させる基本中の基本なのですが、多くの人がこれを実現できていません。なぜか謝ることひとつできない人がほとんどなのです。

成功した人から見ると、なぜこんなことができないの？　ということばかりなのですが、これは逆に言えば、多くの人にとって、成功するチャンスがあちこちに転がっているということでもあります。

本書で取り上げた成功者はさまざまですが、才能だけに依存せず、論理的に振る舞うことでお金を引き寄せるという部分については、共通の要素となっています。ここで書かれていることの半分でも実践できれば間違いなく大きな効果があるはずです。騙されたと思ってぜひチャレンジしてみてください。

本書はダイヤモンド社の逸見海人氏の尽力で完成しました。この場を借りて謝意を表したいと思います。

2017年2月　加谷珪一

[著者]
加谷珪一（かや・けいいち）
経済評論家
東北大学工学部原子核工学科卒業後、日経ＢＰ社に記者として入社。
野村證券グループの投資ファンド運用会社に転じ、企業評価や投資業務を担当。独立後は、中央省庁や政府系金融機関などに対するコンサルティング業務に従事。現在は、経済、金融、ビジネス、ITなど多方面の分野で執筆活動を行っており、ニューズウィーク日本版（電子）、現代ビジネスなど多くの媒体で連載を持つ。億単位の資産を運用する個人投資家でもある。
著書に『新富裕層の研究－日本経済を変える新たな仕組み』（祥伝社新書）、『AI時代に生き残る企業、淘汰される企業』（宝島社）、『ポスト・アベノミクス時代の新しいお金の増やし方』（ビジネス社）、『「教養」として身につけておきたい戦争と経済の本質』（総合法令出版）、『お金持ちの教科書』（CCCメディアハウス）、『お金は「歴史」で儲けなさい』（朝日新聞出版）などがある。

加谷珪一オフィシャルサイト
http://k-kaya.com/

世界のお金持ちが20代からやってきた
お金を生む法則

2017年５月24日　第１刷発行

著　者——加谷珪一
発行所——ダイヤモンド社
〒150-8409　東京都渋谷区神宮前6-12-17
http://www.diamond.co.jp/
電話／03･5778･7232（編集）　03･5778･7240（販売）

ブックデザイン—山田知子（chichols）
ＤＴＰ———キャップス
製作進行——ダイヤモンド・グラフィック社
印刷————信毎書籍印刷（本文）・慶昌堂印刷（カバー）
製本————加藤製本
編集担当——逸見海人

ISBN 978-4-478-10117-9